ANNE-LAURE MAHÉ
ET PASCALE MARBOT ÉPÉE

JE M'ÉVEILLE À LA SOPHROLOGIE

Hugo New Life

Dans la même collection
Le Livre de l'Ikigai, Bettina Lemke, janvier 2018
Le Pouvoir du Nunchi, Euny Hong, mai 2019
Kaizen, Sarah Harvey, janvier 2020
Le Pouvoir du Chowa, Akemi Tanaka, janvier 2021

Collection New Life dirigée par Valérie de Sahb
L'éditeur remercie chaleureusement Stéphanie Honoré
Création graphique et mise en pages : Laetitia Kalafat
Lecture et correction : Alice Yonnet-Droux
Visuel de couverture et illustrations de l'ouvrage :

ISBN : 9782755687378
Dépôt légal : avril 2021
Imprimé par FINIDR

À mon amour,
qui m'a offert ce voyage tant de fois rêvé,
dans l'âme du Japon, pour les 24 pas de notre aimé chemin.
Avec mon coeur cerise-passion vibrant.
Aligato à Pascale l'Inspirée, Stéphanie l'Éclairée,
Valérie l'Audacieuse, mes co-maïeuticiennes.
Aligato à mes chers qui ont suivi les étapes
de l'écriture de ce livre. J'inspire la vie,
j'expire le bonheur.

Anne-Laure Mahé.

À mon « loup-garou », pour lequel je suis
« un rêve aussi grand que le Japon », avec mon amour
inconditionnel.
À la voie du shiatsu qui porte mes pas.
Gratitude à Anne-Laure pour ce livre
sur mesure.

Pépée.

SOMMAIRE

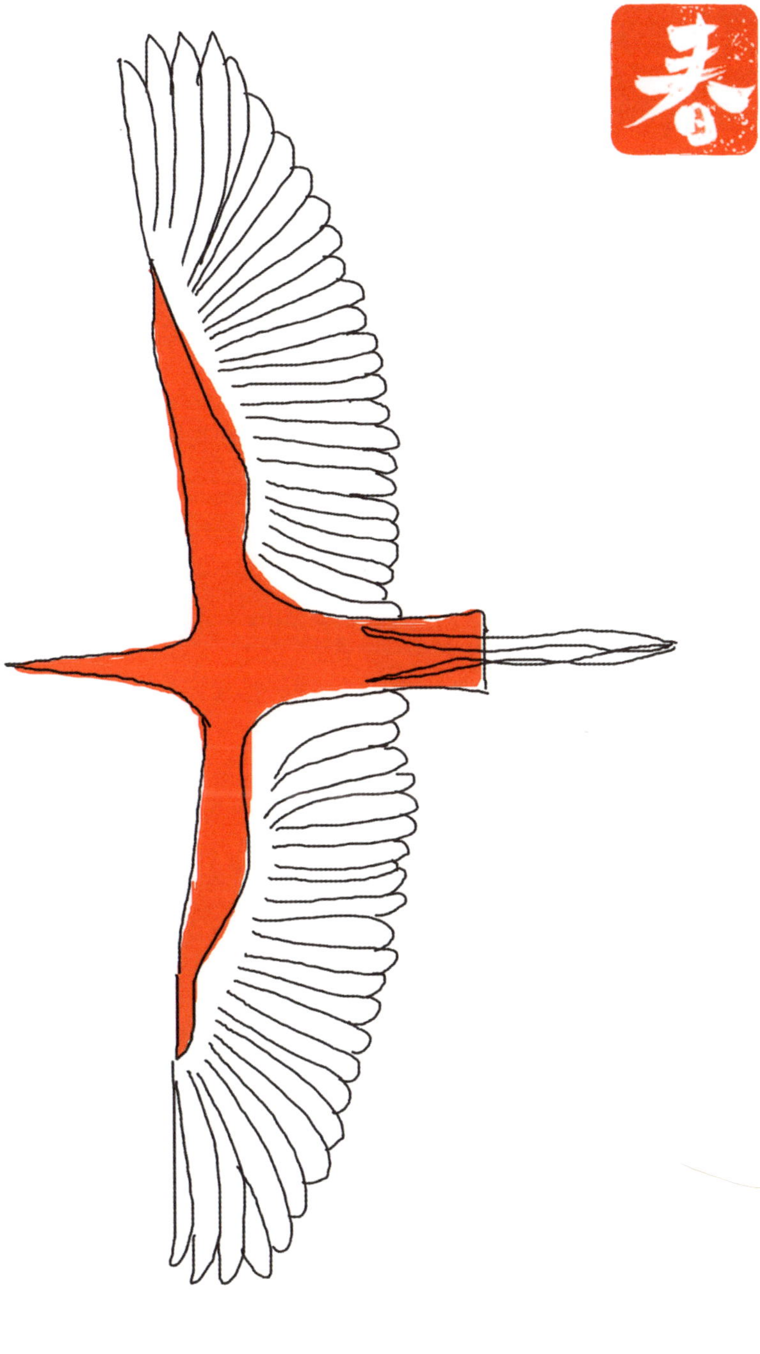
春

PROLOGUE

Je m'éveille à la sophrologie, les 12 étapes pour être zen ! Qu'est-ce que c'est ?

C'est un programme de douze pratiques de sophrologie, illustrées par le dessin et la fiction ; un voyage pas à pas vers soi et de soi vers l'autre, ici et ailleurs. Chaque pas porte un titre qui désigne le contenu de la pratique sophrologique et ce que vit Yama dans le récit de son voyage initiatique au Japon.

Et la pratique de la sophrologie, qu'est-ce que c'est ?

La sophrologie, étymologiquement « l'étude de la conscience en harmonie », est une méthode qui unit le corps, la psyché et le cœur, dont les bases ont été inventées et les techniques élaborées par le neuropsychiatre Alfonso Caycedo à partir de 1960. C'est une formidable méthode de résolution de nombreux symptômes du quotidien, stress, perturbation du sommeil, mal-être, et de développement de notre potentiel et de nos capacités, grâce à l'émergence puis au renforcement de la conscience de soi et des autres.
La sophrologie est une pratique car, comme la méditation ou le yoga, elle demande de l'entraînement. Lorsqu'on pratique la sophrologie, on prend un temps pour soi, au calme. On se laisse guider, comme dans ce livre. Les 12 pratiques de ce livre sont introduites par des techniques d'immersion à l'intérieur de soi. Sont mis en exergue, en gras, **les cœurs de pratiques**,

l'essence de chaque pas. En lettres capitales, les mouvements INSPIR/EXPIR donnent le rythme. En italique, *les indications corporelles* guident l'attention. Elles s'achèvent sur une méditation.Vous le verrez, l'énergie est au cœur aussi de ce programme. Elle se stimule, s'active, s'harmonise. La sophrologie utilise des phonèmes qui ont un impact énergétique. Ce bain sonore que vous vous offrez à chaque pratique est très vivifiant et rééquilibre vos énergies. Il stabilise le corps et calme le mental.

Et le programme sophrologique de ce livre, c'est quoi ?

Dans les années quatre-vingt-dix, Alfonso Caycedo, continuant toujours d'explorer les chemins de la conscience et développant sans cesse sa méthode, annonce de nouvelles pratiques avec des sons. Ces nouvelles pratiques forment un parcours étonnant pour quiconque souhaite se connaître et se développer !

Dans ce livre, nous vous proposons de vous initier à ce voyage ! Nous relevons le défi ! Gageure il y a, tant ce voyage personnel et spirituel avec la sophrologie est puissant.

Se sentir pleinement chez soi dans son corps, vivant, relié à la Vie, aux autres, aux autres espèces du vivant, c'est puissant !

Écouter sa petite voix intérieure, son intuition, les élans de son cœur, c'est puissant !

Revenir à ses origines, former un tout avec ce et ceux qui nous ont précédés, c'est puissant !

Se sentir capable de renouvellement et de changements salutaires, c'est puissant !

Se vivre libre, légitime, digne, c'est puissant !

Aligner le corps, l'esprit, le cœur, l'âme, c'est...

Et le Japon alors ?

La sophrologie, pensée par Alfonso Caycedo comme une méthode intégrale, puise quelques-unes de ses ressources dans des pratiques orientales. Ce programme de développement personnel et spirituel est teinté de psychologie occidentale et de sagesse orientale. On retrouve les traditions du Japon dans les techniques de sophrologie qui s'inspirent notamment de la tradition du zen, une branche du bouddhisme japonais. On retrouve aussi l'impact énergétique et spirituel des chants des moines qui récitent leur mantra dans l'utilisation des sons qui en sophrologie n'appellent pas de croyance.

Telle une marche méditative zen, le voyage que nous vous proposons, à l'intérieur de vous-même et dans le Kansaï, région des sanctuaires ancestraux du Japon, fonctionne par petits pas. Douze petits pas pour atteindre votre sanctuaire intérieur... Votre sanctuaire, c'est votre être profond, le cœur du cœur de votre être, votre essence, ce qui vous est propre et qui en même temps touche à l'universel. Le but ? Vous relier à vous-même jusque dans vos racines profondes, et cela éclaire le choix de la région du Kansaï, l'essence des racines sacrées du Japon, et vous relier aux autres avec bonheur, responsabilité et authenticité.
Le récit des origines au Japon introduit la pratique et vous emmène vers l'essentiel, sur le chemin du lâcher-prise et du ressenti paisible. C'est une invitation au voyage intérieur et vers un autre qui peut être moi.

Comment pratiquer ?

À chaque pas, sa pratique illustrée. La pratique, le récit, les dessins forment un tout comme un cercle zen. À chaque pratique, plusieurs techniques indiquées en sous-titres rouges.
Vous pouvez pratiquer toutes les techniques l'une après l'autre ou prendre chaque technique indépendamment des autres.
Vous pouvez vous laisser guider tout en lisant, l'enregistrer pour vous, avoir votre rythme et l'écouter quand c'est le bon moment.
Assurez-vous de ne pas être dérangé pendant ce temps que vous prenez pour vous.
Pourquoi RÉPÉTER pratiques et techniques ? Le cerveau et le corps ont besoin de répétition pour mémoriser, et la conscience de temps pour se développer. Tout le monde connaît maintenant l'idée des vingt et un jours qui entérinent une saine habitude, par exemple.
Ces douze pratiques vous invitent à prendre tranquillement et lentement, conformément aux besoins du cerveau, conscience de vous-même, à respirer à chaque étape profondément et à répéter des sons, qui envoient des ondes très positives dans le corps en percutant vos bonnes cellules.
Chacune de ces douze pratiques contient une technique propre à répéter aussi, dont les bienfaits se prolongent par la lecture du récit qui suit. Soyez patient avec vous-même, et indulgent. Plus vous répétez ces pratiques, plus votre entraînement corps-esprit est assidu, plus votre corps-esprit assimile ces nouvelles informations et plus ce programme porte ses fruits durablement.
Pourquoi alors ne pas fixer un rituel quotidien ou semi-hebdomadaire, de vingt à trente minutes, pour explorer chaque pas plusieurs fois ?

Respirez… Prenez votre temps, pour pratiquer et lire… Pratiquer la sophrologie et lire ont ceci en commun qu'ils font baisser l'hormone du stress, le cortisol.
Laissez-vous inspirer par les évocations zen des illustrations et de l'histoire.
Entrez en vous-même, voyagez avec Yama. Savourez les sensations et les émotions positives ici et là-bas…
Laissez-vous aussi surprendre et être dépaysé par vous-même et le Japon…
Vous redécouvrir d'un œil neuf et vous donner le goût de l'exploration.
Vous pourrez vivre la quintessence de chaque pas dans votre respiration :
J'inspire… J'expire…

SHIGISAN
(Pratique 1)

Ça fait soixante-douze heures que je ne me suis pas douchée. Je pensais pouvoir me baigner en maillot de bain, c'est un choc d'apprendre que je vais devoir faire comme les Japonais, me baigner toute nue et à plusieurs ! Le bain japonais du monastère est un espace collectif. Mais je suis complexée, moi ! Je suis gênée de me retrouver nue sous le regard d'inconnues ! Autant dire que ce que je vais faire correspond à l'ascension du mont Fuji !
Jusqu'ici tout s'était plutôt bien passé ! La vision de Shigisan à mon arrivée, la veille… magique : une allée d'escaliers jalonnée de lanternes en pierre sur pied, allumées tout le long du chemin jusqu'à un grand portique rouge, le torii d'entrée d'un ensemble de temples disposés à des hauteurs différentes au fil du dénivelé. Il faisait nuit et j'ai suivi un grand moine large d'épaules, habillé de gris, qui portait mon sac de voyage. Il m'a conduite dans une grande pièce ; sur le tatami, un futon, une couette légère, une table basse, un thermos pour le thé, des tasses, et dans un renfoncement, une grande calligraphie sur le mur ; en guise de fenêtre sur le jardin, des portes coulissantes à carreaux blancs opaques qu'on dirait en papier. J'étais tellement fatiguée qu'en dépit de ma gourmandise, je n'ai pas goûté les gâteaux maison fabriqués par les moines, pour m'endormir tout de suite. Moi qui d'ordinaire souffre de troubles du sommeil !

Ce matin, je me suis réveillée très tôt et j'ai découvert une merveille de bien-être à la japonaise ! J'ai posé mon séant dénudé sur des toilettes chauffées, à une température parfaite. Je me suis sentie aux anges ! Très détendue, avec une aura de chaleur... Puis, choix du jet pour me laver. Plaisir de l'eau. J'ai essayé tous les boutons et toutes les versions de jets, autant dans leur direction que dans leur puissance, comme une enfant.

Et quand la chasse d'eau automatique s'est mise en marche, j'ai été en extase !

Mon second ravissement a été provoqué par le tableau du petit déjeuner : sur une petite table rouge, le jaune de l'omelette, le blanc du riz, le noir de l'algue, le crémé du tofu, l'orange et le vert foncé de petits morceaux de légumes, le noir brouillé de la soupe, le rose de la pastèque et le brun du thé, compartimentés pour la mise en valeur de chacun, sur un plateau de laque sombre et brillante. J'ai salué la beauté par une contemplation admirative, et le goût par un silence respectueux.

Jusqu'ici j'étais donc à mon aise... Mon corps, en forme et repu...

J'hésite avant d'enfiler un kimono léger dans ma chambre, de longer le grand couloir moquetté jusqu'à la salle du bain.

La première sensation, très désagréable, est celle d'une étuve dans les vestiaires. J'espère que le bain est vide. J'ai peur en voyant tous les casiers remplis de kimonos légers et en entendant des voix derrière la porte... Impulsion à agir ; repartir et rester sale !

J'entre dans la salle, le regard fuyant, avec mon kimono toujours sur moi. Mon regard survole des douches dont les pommeaux et les robinets se situent à quelques centimètres du sol, des petits tabourets sur lesquels sûrement on s'assoit pour se savonner et se rincer, un large bassin avec une eau bien chaude vu les vapeurs.

Des femmes, de tout âge il me semble, discutent dans l'eau, au centre de la salle dans une ambiance fellinienne. Je lâche mon kimono – où le mettre sans qu'il soit mouillé ? – me place de dos et me colle à un robinet, avant de me laver en regardant le mur. Comment pourrais-je aller dans le grand bassin exposer ma nudité ?

Tandis que je m'apprête à partir, discrètement, quelques femmes me hèlent en anglais et m'encouragent à les rejoindre. Je souris, un peu trop, me lisse les cheveux, un peu trop, aussi, et prétexte que c'est chaud pour ma peau. Les femmes m'encouragent tellement vivement qu'à présent il serait terriblement gênant que je m'enfuie. Elles sont à l'aise, joyeuses, détendues. J'envie leur simplicité...

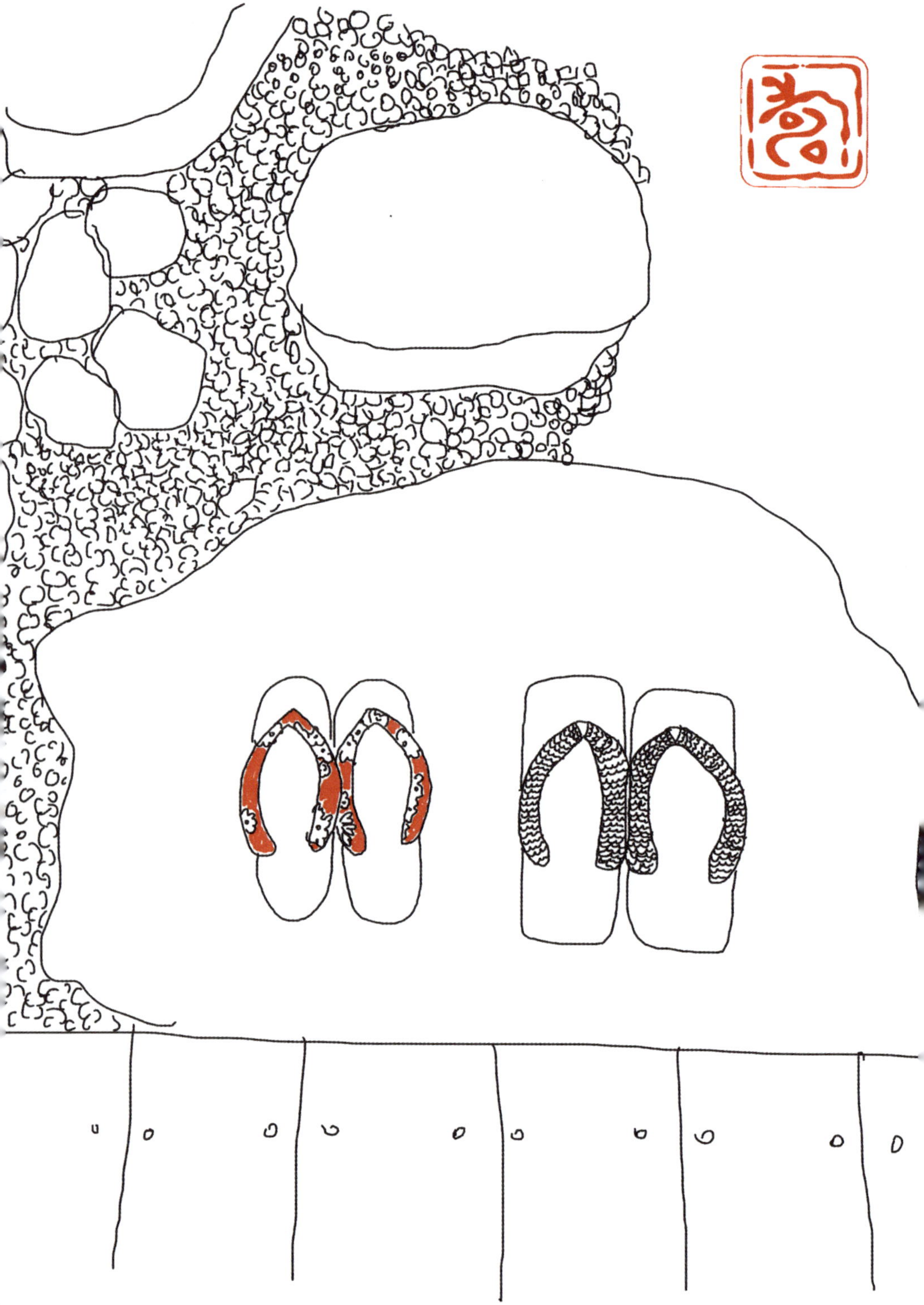

Cette liberté dans leur corps… ah, c'est communicatif.
Mon entrée dans le bassin, très chaud, est rapide et me brûle un peu la peau. Vite, m'accroupir. Je suis un peu cachée maintenant par ma position.
– Relax, me dit une femme qui semble avoir plus de soixante-dix ans et aucun problème avec la nudité.
– Ça enlève toutes les tensions, ajoute-t-elle…
Ma respiration se fluidifie petit à petit, mon cœur bat moins vite. Nous discutons un peu de tout et de rien… du voyage, d'où nous arrivons, du Japon. Pas peu fière de m'être dévêtue et d'avoir dépassé mon embarras, je commence à apprécier d'être là. Mes jambes s'allongent, mes genoux se détendent ; je laisse sortir ma poitrine de l'eau. Ma peau est très rouge. Oh, je ne me suis pas épilée récemment sous les bras et ça se voit… Après tout, je ne suis pas la seule.
Une sorte de halo de vapeur, de voix et de rires nous environne… je m'apaise. Mes peurs se sont envolées. L'enveloppement par la chaleur de l'eau et les êtres autour de moi m'engourdit lentement, c'est une expérience agréable, comme celle de ressentir le bonheur d'une journée de vacances en été quand le soleil brille. On quitte complètement les chemins de la précipitation, on prend son temps, on savoure… Mes mandibules sont détendues, je ne m'étais pas rendu compte de combien elles étaient crispées, avant ! J'inspire, je sens mon corps ; j'expire, je sens le bien-être, je respire la quiétude, les yeux un peu fermés.
Une jeune femme m'attrape du regard lorsque j'ouvre les yeux, et m'exprime, en un français très fluide, son propre bien-être à chaque bain et sa surprise lors de la première fois. Elle est là depuis trois nuits.
– Vous êtes d'origine japonaise ? me demande-t-elle.
En dépit de mon âge, j'ai les cheveux noirs, héritage de mon père, et les yeux légèrement bridés.
– Mon père était japonais…
– Oh. Désolée…
– Non, ça va… Je peux en parler… Il est décédé il y a six mois. Et… ma mère, ma mère est d'origine suédoise…
Je montre mes yeux, bleus, donation de ma mère de son vivant.
– Ah, joli mélange !
Je remercie, mal à l'aise avec les compliments.
– Vous avez de la famille de votre père par ici ?
– Je ne sais pas, mes grands-parents étaient de Tokyo… Ma grand-mère était une jeune fille miko.

– Miko ?
– Jeune prêtresse shintoïste...
– Oh... Une prêtresse shinto ! Comme les femmes de famille impériale ! Elles sont de génération en génération les grandes prêtresses du sanctuaire d'Ise, un lieu magnifique, pas très loin d'ici.
Je ne le savais pas. Je lui parle de vieilles photos de ma grand-mère avant qu'elle ne rencontre mon grand-père, en tenue blanche et rouge, devant un très vieux sanctuaire, Kamigamo, que j'irai voir bientôt.
– Et vous venez souvent au Japon ?
Le ton de sa voix appelle l'évidence d'un oui.
– C'est la première fois...
Elle marque un temps de surprise.
– Oui, mes origines ne m'ont jamais tant que ça intéressée en fait... C'est mon père qui m'a demandé de venir...
– Ah oui ? Vous faites une sorte de pèlerinage en famille sur la terre de vos ancêtres ?
– Je suis venue seule, mon père a demandé à son aînée de répandre ses cendres dans le célèbre cimetière de Koyasan.
À ce nom, elle s'émeut. Il semble qu'elle ait eu une expérience mystique en ce lieu.
– Vous êtes venue de Belgique, avec ses cendres ?
Elle entend que j'arrive de Bruxelles, où j'habite seule depuis que mes enfants sont grands et autonomes.
Je ris, c'est la première fois de ma vie que je transporte avec moi ce genre de bagage !
– Et vous ?
– Moi ? Je suis d'origine libanaise, j'habite à Marseille. Depuis quelques années, je fais la route des temples du Japon.
– Vous êtes bouddhiste ?
– Aucune religion. Et vous ?
Pareil.
– Mon père était bouddhiste à la fin de sa vie. Il est venu au monastère du mont Shigi.
– Hum hum... Et vous croyez que votre père s'est réincarné en quoi ?
– Je ne sais pas. Il adorait les chiens. En labrador, qui sait...
– Peut-être en grue ? Pour retrouver le pays d'origine d'une autre vie ?
Puis nous échangeons nos prénoms. Elle s'appelle Yara.
Et moi, Yama. Cela veut dire « montagne », en japonais, et cela s'écrit avec une sorte de double U.

Et j'adore grimper dès qu'il y a une pente de montagne !
Avant le bain, après le petit déjeuner, j'ai gravi les sentiers de pierre de Shigisan, entre les arbres verts. Jusqu'à un immense Bouddha d'argent qui surplombe le temple au sommet de la montagne.
Installée au sommet, sur un banc, dans un calme contemplatif, j'ai simplement regardé les toits sortir des houppiers verts et, plus bas, les portiques rouges, les lanternes de pierre, les drapeaux pavoisant certains sentiers. C'était simple et beau.
– Tu sais ce que ça veut dire, Shigisan ? me dit Yara. Je secoue la tête. « La montagne qui doit être crue et respectée »... L'histoire raconte qu'un prince construisit un temple pour honorer Bishamonten, une des sept divinités du bonheur, et, pour exprimer son dévouement, l'appela Shigisan.
Je suis alors profondément émue, tant que je ne puis le cacher.
– Mon père m'a confié une statue lorsque j'ai divorcé, un minuscule Bishamonten.
– Comme un vœu de bonheur...
– ... Oui, un vœu de bonheur après une emprise malheureuse.
Je suis la première surprise d'avoir fait une telle confidence. Même lorsque l'autre est bienveillant, mes vieilles blessures m'invitent généralement à me montrer vigilante. Yara sent que je n'ai pas envie de m'appesantir sur mon passé douloureux.
– Avant de devenir des êtres palmés, on va se rafraîchir au robinet ?
Je ne dis rien mais ça me fait plaisir de baisser la garde.
Avec l'eau froide, ma peau devient fraîche à l'extérieur et mon corps reste chaud à l'intérieur. La chaleur me rassure tandis que la fraîcheur me rappelle à la réalité de mon corps. C'est à la fois une sensation de douceur et de solidité. Mon corps se dessine clairement sous l'effet de l'eau froide, à présent, qui coule sur mes cheveux. J'en soupire d'aise. J'ai mis du temps à retrouver de la confiance, aujourd'hui je mesure le chemin parcouru.
Quelques heures plus tard, je serai aussi rafraîchie par la rencontre de l'immense tigre de l'entrée du mont Shigi qui touche mon cœur d'enfant. Il ressemble à une sculpture de parc d'attractions ! On voit sa gueule ouverte et sa langue très rouge. C'est très étonnant, à l'entrée d'un monastère. Je croiserai une classe de petits Japonais avec des casquettes jaunes et je prendrai le temps d'admirer les collines d'Ikoma, les deux pagodes qui s'élèvent majestueusement, l'escalier jalonné de lanternes, les temples annexes le long du chemin et le

temple bouddhiste principal, le Chogosonshi-Ji, dédié à Bishamonten. Je prendrai le temps de tout regarder avec beaucoup d'acuité pour ne rien oublier de mon premier jour au Japon. Au magasin, dans le hall de l'auberge, j'achèterai des petits tigres pour mes enfants et mon petit-fils et des gâteaux des moines pour ma mère.

Je descendrai le soir venu jusqu'au torii de l'entrée, sortirai de l'enceinte du monastère, traverserai un pont rouge, irai manger des Udon aux herbes des montagnes dans un restaurant tout en bois. Ça sera comme le reste de la journée : chaud, réconfortant et délicieux. Une fois rentrée dans ma chambre, je me coucherai, ensommeillée.

Je rêverai de dragons japonais, certains crachent du feu et d'autres, plus inoffensifs, sont les gardiens des éléments et des points cardinaux. Un dragon sans ailes s'approchera de moi, et alors que je m'attendrai à un jet de flammes, je recevrai un joyeux jet d'eau.

PRATIQUE 1

UNIR VOTRE CORPS ET VOTRE ESPRIT. NOUVELLE CONSCIENCE DE VOTRE CORPS ET SENTIMENT DE CONFIANCE.

Ce premier pas est le début de votre voyage en vous-même vers votre sanctuaire intérieur et celui de Yama au Japon. Cette première pratique pose un fondamental de la sophrologie : le corps. Les sagesses orientales ont exploré depuis des siècles la conscience de celui-ci. Éveillons notre corps… Prenons conscience de notre corps… Tout éveil part de lui puisqu'il est « temple de notre âme ». Puis nous irons sur le chemin d'une forme de méditation : la contemplation. Il s'agit de fixer son attention sur un objet, ici une sphère lumineuse, en mettant entre parenthèses d'autres objets qui peuvent distraire l'esprit.

Cette première pratique favorise l'union du corps et de l'esprit et l'ouverture de la conscience à la confiance. La confiance comme sentiment, émotion, état ou valeur. Qu'est-ce à dire ? Je peux ressentir de la confiance, me sentir dans un état de confiance – auquel cas mes peurs ont disparu –, ou faire de la confiance une de mes valeurs, signature en partie de mon identité.

C'est un premier pas vers soi, guidé aussi par le souffle.
La respiration est au cœur de toutes les pratiques orientales, que ce soient le yoga en Inde, la méditation zazen et la marche Kinhin des Japonais, qui alterne petit pas et respirations.
Comme dans toute marche méditative, ce premier pas se fait lentement et en conscience. Il est votre premier pas… La méditation finale de cette première pratique englobe l'expérience positive du corps de Yama au mont Shigi dans le récit de son voyage au Japon.

Installez-vous au calme, confortablement, dans une position assise, si possible les pieds sur le sol et bien adossé. Sentez votre bassin épanoui dans l'assise. Les épaules peuvent être très légèrement en arrière.

PRATIQUE

Relaxation progressive de tout le corps

Pour une fois, peut-être, vous n'avez rien à faire de particulier. Vous avez juste à vous laisser aller… rien à prouver ni à réussir… pas d'action particulière à mener. Juste vous laisser guider et prendre soin de vous…
Détendez votre front, laissez-le devenir aussi lisse qu'une dune de sable, relâchez vos yeux et les muscles qui les entourent, ce qu'il y a derrière les yeux… Relâchez vos joues, la face externe de vos joues, les pommettes, le creux des joues. La face interne de vos joues, les dents, la mâchoire. La langue se pose librement au creux du palais. Votre menton est détendu. Vous prenez conscience de votre visage, de votre tête… de toute cette première partie de votre corps en train de se détendre…
La nuque se relâche, les régions latérales du cou aussi. Trouvez une position d'équilibre pour votre tête, confortable pour votre cou. Relâchez vos épaules, qui s'abaissent et se détendent, attirées par la pesanteur. Relâchez les bras, les avant-bras, les poignets, les mains… Les doigts se relâchent jusqu'à leur extrémité. Ils se positionnent librement. Continuez de détendre la nuque, sujette aux tensions. Libérez la tension entre les épaules. Vous prenez conscience de cette deuxième partie de votre corps qui se détend, celle de la gorge, de l'extérieur des bras, mains, doigts…
Vous relâchez maintenant les muscles de la paroi thoracique, les intercostaux, les pectoraux… Vous sentez les mouvements de votre thorax. Vous vous laissez aller au rythme calme de votre respiration.

Vous relâchez les muscles le long de la colonne dorsale. Votre dos se détend.
Vous relâchez l'intérieur des bras, des mains et des doigts.
Vous prenez conscience de cette troisième partie de votre corps en train de se détendre.
Profitez de ce moment pour prendre soin de vous, sans trop d'effort de concentration, sans jugement ni commentaire…
Vous relâchez maintenant les muscles de votre ventre. Votre ceinture abdominale se détend. Laissez respirer l'anneau musculaire de l'abdomen. Vos muscles se soulèvent sous l'effet de votre respiration qui se place dans le ventre, doucement, peut-être progressivement. Relâchez les muscles de la colonne lombaire… ils sont libérés jusqu'au bas du dos. Si possible, effacez un peu la cambrure. Vous prenez conscience de cette quatrième partie de votre corps qui est à présent sans tension.
Puis vous vous concentrez sur le bas de votre corps qui se détend : les muscles fessiers ; le périnée ; les cuisses ; les mollets… Votre bassin se détend, vos hanches se libèrent, vos genoux deviennent plus souples, vos chevilles se détendent. Un relâchement jusqu'à la pulpe des orteils… Conscience de la cinquième partie de votre corps, détendue…
Et vous percevez l'ensemble de votre corps, vous vivez la forme de votre corps relâché, votre respiration libre et harmonieuse. Vous vous vivez en harmonie, détendu, paisible. Vous êtes en relaxation. Conscience de votre corps entier en train de se détendre.
Vous allez maintenant, si vous le souhaitez, pratiquer des exercices de respiration pour expulser tout le négatif de chaque zone de votre corps, et de votre corps tout entier.

Évacuation du stress, des tensions, des inconforts pour se rendre disponible au positif

Pour bien évacuer ses tensions, rien de mieux que la respiration ! La respiration consciente ! Et la respiration synchronisée à l'intention. Autrement dit, en voulant évacuer ses tensions à l'expiration, on associe une intention de libération à l'attention qu'on porte à notre souffle. Cette association est bénéfique à notre bien-être.

Si vous voulez bien, vous allez commencer par le visage.

Vous placez vos mains au niveau de votre front. Vous aidez ainsi votre attention à se fixer sur la première partie de votre corps : votre tête. Vous allez

souffler, inspirer par le nez, retenir l'air, sentir vos tensions et évacuer tous les inconforts par la bouche. On y va. Vous soufflez, inspiration, rétention et évacuation de ce qui vous obstrue ou vous pollue la tête. Sentez l'agréable libération obtenue… Essayez de vivre les sensations agréables dans le visage, le front, les lèvres…
Continuons l'expérience de ces respirations agréables sur la deuxième partie de votre corps : le cou et la partie extérieure des bras, des épaules aux ongles. Placez les mains sur le devant du cou si vous le voulez bien. Dans la philosophie indienne, cela correspond au chakra de la gorge, le lieu de la relation à soi et aux autres. Pour la sophrologie, c'est le lieu d'interaction de la deuxième partie du corps. Maintenant, soufflez, inspirez par le nez, retenez un peu l'air sans bloquer la gorge et évacuez tout ce qui vous dérange, vous crispe ou vous est resté en travers de la gorge, comme on dit. Essayez ensuite de vivre la gorge libérée, de même que les épaules et la nuque…

C'est au tour du thorax

Placez les mains sur le point d'interaction du thorax, le sternum, au milieu de la poitrine. C'est une partie du corps facilement impactée par le stress et les phénomènes émotionnels. Prenez le temps de libérer efficacement les tensions de votre zone thoracique. Alors à votre rythme, soufflez, inspirez, retenez l'air le temps que vous souhaitez, puis évacuez par la bouche vos poids, vos oppressions, votre tension thoracique.
Essayez de vivre la présence de votre thorax libéré, de votre respiration plus ample… Si besoin, continuez d'évacuer à l'expiration vos tensions résiduelles.

Mettez vos mains sur votre abdomen, un peu au-dessus du nombril

Vous allez chouchouter votre ventre, ce lieu sensible à nos émotions, ce lieu des digestions en tout genre. Vous soufflez, vous inspirez si possible en gonflant le ventre, vous retenez l'air et, à l'expiration, détendez, relâchez un peu plus votre abdomen. Renouvelez cette respiration si vous avez besoin de détendre davantage cette région.

Appréciez le confort que vous obtenez

Les organes se détendent et trouvent leur place dans votre ventre, ils s'y installent comme dans un bon canapé.
Puis, les mains sous le nombril, votre conscience en relation avec le bas de votre corps, le bassin, les jambes et les pieds… c'est la zone de l'élan, des envies, de votre allant. Profitez de ces respirations pour évacuer tout ce qui

perturbe le bas de votre corps, son bon fonctionnement, son énergie, son mouvement. Si vous voulez bien, soufflez, inspirez, sentez la présence du bas de votre corps et expulsez à l'expiration toutes vos tensions inutiles. Deux fois, si nécessaire.
Peut-être ensuite pouvez-vous sentir l'ouverture qui se crée dans le bassin et les hanches, et la détente ou la force présente dans les jambes.
Nous finissons ces respirations par la libération des tensions résiduelles du corps tout entier. Les mains sur le nombril, vous sentez l'unité de votre corps, toutes ses parties bien rassemblées. La sensation d'unité, déjà, est en soi apaisante. Puis soufflez, inspirez, retenez l'air et évacuez ce qui reste de tensions... évacuez le reste de négatif.
Accueillez votre détente, votre disponibilité, votre ouverture grâce à cette agréable libération de vos tensions. Vous pourrez utiliser ces respirations à chaque fois que vous aurez besoin de vous détendre, de vous libérer, de vous apaiser. Si vous n'avez que trois minutes, vous pouvez les faire trois fois avec la conscience du corps tout entier...

Se sentir confiant ou retrouver un état de confiance

Je vous propose de vivre dans votre corps la rassurance et la confiance. Elles vous permettront de calmer les peurs et de vous réconforter si besoin ; de vous aider à vous faire confiance et à vous ouvrir à la vie, à ses possibles, à ses inconnues. C'est un ressenti très paisible qui met dans un état de confiance.
Pour cela, imaginez au centre de votre poitrine une jolie sphère, dans laquelle danse une belle lumière chaleureuse. Prenez le temps de la rendre visible et sensible dans votre thorax.
Puis imaginez que la lumière grandit avec vos respirations. Elle quitte la sphère pour grandir dans votre thorax. Elle grandit à chaque inspiration. Imaginez-la grandir dans votre thorax, sentez votre thorax devenir plus lumineux, chaleureux... La lumière à présent se trouve dans toute la zone de votre thorax ; dans le plexus, la poitrine, au-dessus de la poitrine... Cette lumière ne cesse de grandir. Elle grandit, et maintenant vous entoure. Imaginez cette lumière chaleureuse tout autour de vous, elle est tout autour de vous... Vous pouvez la sentir, sentir sa chaleur, sa présence... Prenez votre temps pour cela.
Imaginez que cette lumière chaleureuse est une source à laquelle vous pouvez boire. C'est une source rassurante, réconfortante, apaisante, détendante... En respirant, vous buvez à cette source, lumineuse et chaleureuse,

qui vous rassure et vous réchauffe. À chaque respiration, vous buvez à cette source rassurante – jusqu'à en être comblé, jusqu'à vous sentir bien au chaud dans votre thorax. Buvez à cette source apaisante, jusqu'à satiété. Prenez votre temps…
Puis la lumière revient éclairer votre thorax. Elle réintègre votre paroi thoracique, sentez-la présente à nouveau dans votre thorax, dans votre plexus, votre poitrine… votre dos…
La lumière revient dans la sphère, imaginez-la encore qui danse au milieu de votre poitrine. Imaginez-la qui danse dans votre plexus, qui devient solaire. La sphère peut disparaître mais la lumière reste là, chaude, présente, chaleureuse.

Et la lumière elle-même peut disparaître, vous continuez à sentir sa présence et ses vibrations.
Celles-ci vont rester dans votre plexus, elles sont pérennes. Prenez le temps de les sentir.

Vous êtes connecté à cet état de confiance dans lequel il n'y a pas de peur. Appréciez votre sentiment de bien-être, votre rassurance, votre confiance en vous et en la vie, toujours en contact avec votre plexus qui vibre.

MÉDITATION

Dans cet état de confiance, vous accueillez votre corps,
ses sensations positives.
Vous respirez pour activer vos capacités de confiance en vous,
en l'autre, en la vie et en l'avenir.
Vous êtes prêt à aller sur votre chemin de vie comme si
c'était le premier jour, avec un nouveau regard.
Vous êtes prêt à vous découvrir ou vous redécouvrir.
Bonne découverte de vous-même et de Yama…
cet autre qui est un peu soi.
Le voyage dans le corps continue – conscience détendue
de votre corps et première mise à nu en confiance…

J'inspire, je ressens de la confiance ;
j'expire, je sens mon corps détendu.

KOYASAN
(Pratique 2)

Il est 5 heures du matin.
Un des moments forts de mon voyage a commencé hier après-midi à Koyasan, une cité religieuse de moines bouddhistes très actifs, qui peuvent recevoir des touristes, avoir un travail et une famille. Je m'arrête à Ekoin, un temple pratiquant le shubuko, l'hébergement réservé au départ aux pèlerins puis étendu aux touristes. J'ai croisé dès mon arrivée des pèlerins vêtus de blanc, tenant un bâton à clochette et portant un chapeau pointu qui les protège du soleil. On vénère à Koyasan le maître bouddhiste Kûkai, le fondateur de la branche shingon, très respecté des Japonais.
J'ai tout de suite été fascinée par cet endroit séculaire et splendide. Grands érables pourpres. Temples magnifiques. Ponts rouges. Pagodes en bois. Grosse cloche très ancienne. Une mare avec des pivoines jaunes. Séculaire et moderne ! Lorsque j'ai enlevé mes chaussures à l'entrée d'Ekoin, un moine sérieux, Bluetooth à l'oreille, m'a demandé de porter mon sac à roulettes jusqu'à ma chambre.
Le cadre de ma chambre est comme le reste, raffiné : panneau coulissant qui donne sur un rhododendron rose et des petits pins taillés en nuages, du thé dans une jolie boîte laquée, une estampe représentant une grenouille peinte, des coussins dorés et le futon sur le tatami

clair, des bruits d'eau... On m'a annoncé le dîner à 17 h 30, le rituel de purification à 5 heures et la méditation à 6 heures.
Je savais exactement pourquoi j'étais ici. Je m'y suis immédiatement sentie bien, le mont Koya n'est pas loin... On sent fortement les énergies de l'air, de la lumière, de la montagne, de la forêt proche, aussi...
Il est 5 heures.
Voilà un moment que j'attends, que j'ai souhaité, que j'ai même intérieurement préparé.
Je suis assise en tailleur dans un petit temple très sombre. C'est un vieux temple en bois avec un fronton triangulaire, la toiture légèrement relevée vers le ciel, le tout dans une couleur presque grise à cause de la patine du temps.
Un moine est assis au centre, en habit orangé, devant une sorte de plateau surmonté d'une hotte avec des piliers d'or. L'intérieur est éclairé à la bougie. Les flammes tranchent sur l'obscurité de la pièce.
Commence le Goma. Le rituel de purification par le feu.
Le moine chante des sutras – cela donne une mélopée antédiluvienne d'une force qui réveille toutes mes cellules –, accompagné par un autre moine qui tape très fort sur la peau tendue d'un gros tambour, caché au fond à gauche. Cela fait vibrer mon plexus ! Le moine qui chante allume le feu devant lui sur le plateau, il jette dans les flammes une poudre qui fait s'épanouir très vite le brasier. Les gestes suivent un rituel. Le son du tambour prend de l'ampleur. Chaque partie de mon corps est vivante ! Ça s'active à l'intérieur, ça picote ! Le moine chante, manie son malla, jette la poudre. Ses gestes ancestraux sont très intériorisés. Je sens maintenant la force du son qui me parcourt, elle amplifie mon énergie, élargit mon thorax, tambourine dans mon ventre. Le feu crépite et lèche la hotte décorée de cloches et de gros grelots.
Nous sommes une vingtaine. Tous captivés. Nos plaquettes de bois sont entassées à la droite du maître du feu...
À 3 heures ce matin, je suis allée boire un café au distributeur, à l'entrée d'Ekoin, là où arrivent les visiteurs une fois qu'ils ont passé une grande porte en bois. Le moine m'a donné les trois plaquettes en bois que j'attendais. « Il y a un vœu pour toi, un vœu pour ta lignée, un vœu pour le monde. »
À 4 heures, je suis revenue m'asseoir sur le tatami de ma chambre et j'ai noté, au feutre noir et en majuscules :
« LIBERTÉ », « ÉNERGIE » et « DÉLICATESSE ».

四山寶印
寶
医王山
毛越寺

Après un deuxième café, bu à 4 h 30, j'ai donné mes plaquettes au moine qui m'a adressé son mot français favori : « Merci ! » « Tes trois vœux vont se réaliser avec le Goma », m'a-t-il annoncé en anglais.
Nous y sommes. Ma poitrine est déjà en expansion grâce aux sutras, aux battements du tambour, à la présence des autres qui sont avec moi... C'est avec émotion que je regarde le moine poser trois par trois les plaquettes dans le feu. Le chant et le tambour sont ininterrompus. La sensation est puissante dans ma gorge. Je sens en moi comme une résistance qui fond. J'ai tellement envie de me sentir libre. Ça devient léger dans mon cœur.
Conscience de vivre avec mes cellules, elles vivent pour moi, je les remercie. Gratitude, interaction entre ma conscience et celle des cellules qui réagissent positivement à mes remerciements. Force vitale.
Le tambour décroît en rythme et en force. Les plaquettes sont devenues cendres. À chacun de venir se purifier, en agitant les bras pour profiter de la fumée qui le recouvre.
Lorsque le Goma s'achève, j'ai envie d'appeler Emmy et Isaac pour le leur raconter. Emmy trouverait cela complètement irrationnel, c'est sûr, et Isaac aimerait sûrement être là. À ce moment précis, je pense à toi, Papa. C'est toi qui m'as donné envie de suivre ce rituel et c'est grâce à ta demande si je suis à Koyasan. Je pense aussi à mon autre fils, Aimé, qui l'est en dépit de son choix féroce de ne plus me voir. Lors du divorce, je n'ai pas pu tout sauver. Je pense à mes êtres aimés.
Le bonheur vital se répand comme de l'eau sur une surface. Il remplit tous les espaces du corps.
Un moine très joyeux passe par là. Je l'ai déjà vu hier. Il me reconnaît. Moi aussi, à son faux air de Jizo – les Jizo sont les petits Bouddhas qui protègent les voyageurs.
– Je fais la visite de la partie la plus ancienne de Koyasan, tu viens ?
Je me sens remplie de bonheur vital et très tranquille émotionnellement. Je suis le moine, mon corps dynamisé et mes fatigues parties avec l'énergie du Goma.
Nous entrons dans la partie ouest de Koyasan.
Il m'emmène voir une pagode en bois brut, aux belles charpentes et aux lanternes suspendues sous les toits. J'exprime une réelle admiration. Nous sommes au milieu des grands cèdres et des érables. L'air sent bon. Je suis en pleine forme, nourrie encore des sons et des intentions du Goma. Même mon cerveau me semble plus alerte.

À quelques mètres apparaît une magnifique pagode rouge, très haute, devant laquelle je me déchausse. Les portes sont grandes ouvertes, des peintures de mandalas orangées sur des piliers encadrent un Bouddha médecine en or.
– Mon père a offert à ma fille ce même bouddha, en tout petit, à son entrée en fac de médecine.
– Et elle a réussi, bien sûr ?
J'opine du chef. Il rit.
Sa joie d'enfant est une onde positive de plus pour ma vitalité.
Mes jambes toniques me portent parmi les arbres, les temples et les cloches séculaires, vers un endroit un peu plus enfoncé dans la forêt. Et là, au milieu des magnifiques constructions bouddhiques, un portique rouge vif, un torii, s'élève, splendide. La présence d'un torii annonce un sanctuaire shinto. Au Japon, le bouddhisme et le shintoïsme se mélangent. J'ai déjà vu ça à Shigisan.
– C'est le torii de Yama, explique le moine, avec un vif petit hochement de tête.
– Le torii de Yama, le sanctuaire de l'âme de la montagne ?
Vif petit hochement de tête du moine.
Peau fourmillante. Bien-être de toutes les cellules de ma peau, perception de mes cellules comme autant d'unités.
– Oui, c'est ça, c'est ça, dit-il très vite en français avant de continuer à nouveau en anglais. Au Japon, les montagnes sont sacrées.
Je m'incline, non pas en signe de dévotion, mais en ramenant menton et regard vers mon thorax, comme si ce sanctuaire était un peu à l'intérieur de moi !
Stabilité, joie, chaleur, plaisir, vibrations.
– Si tu veux, tu fais une demande au kami de Yama, et tu donnes ton nom et ton adresse car il a besoin de connaître ton identité...
– Le kami ?
– Un peu comme le dieu de Yama.
– Je ne crois pas en Dieu...
– Pas besoin... c'est une tradition japonaise...
Je ne fais pas de demande.
Ça continue de bouillonner joyeusement dans mes cellules. Je suis bien ancrée et j'ai même l'impression de sentir mon sang circuler dans le bas de mon corps. Ce lieu est décidément très spécial pour moi.
Plus tard, en repensant à ce moment fort de la journée, je me dirai que j'aimerais être bien enracinée, comme une Yama l'est, à la croûte terrestre.

Que j'aimerais connaître la neige l'hiver, les fleurs au printemps, la verdure l'été, et les couleurs d'automne, et rester moi.
Rejoindre l'essence de Yama.
Cette part de moi intouchée et intouchable que je sais présente.
Ma Yama intérieure.

Pour l'instant, je profite du fait d'être grande, érigée vers le ciel comme une montagne, pour me sentir bien, proche de la chaleur du soleil de mai !
Énergie dansante des cellules, bonheur de vivre et de bouger.

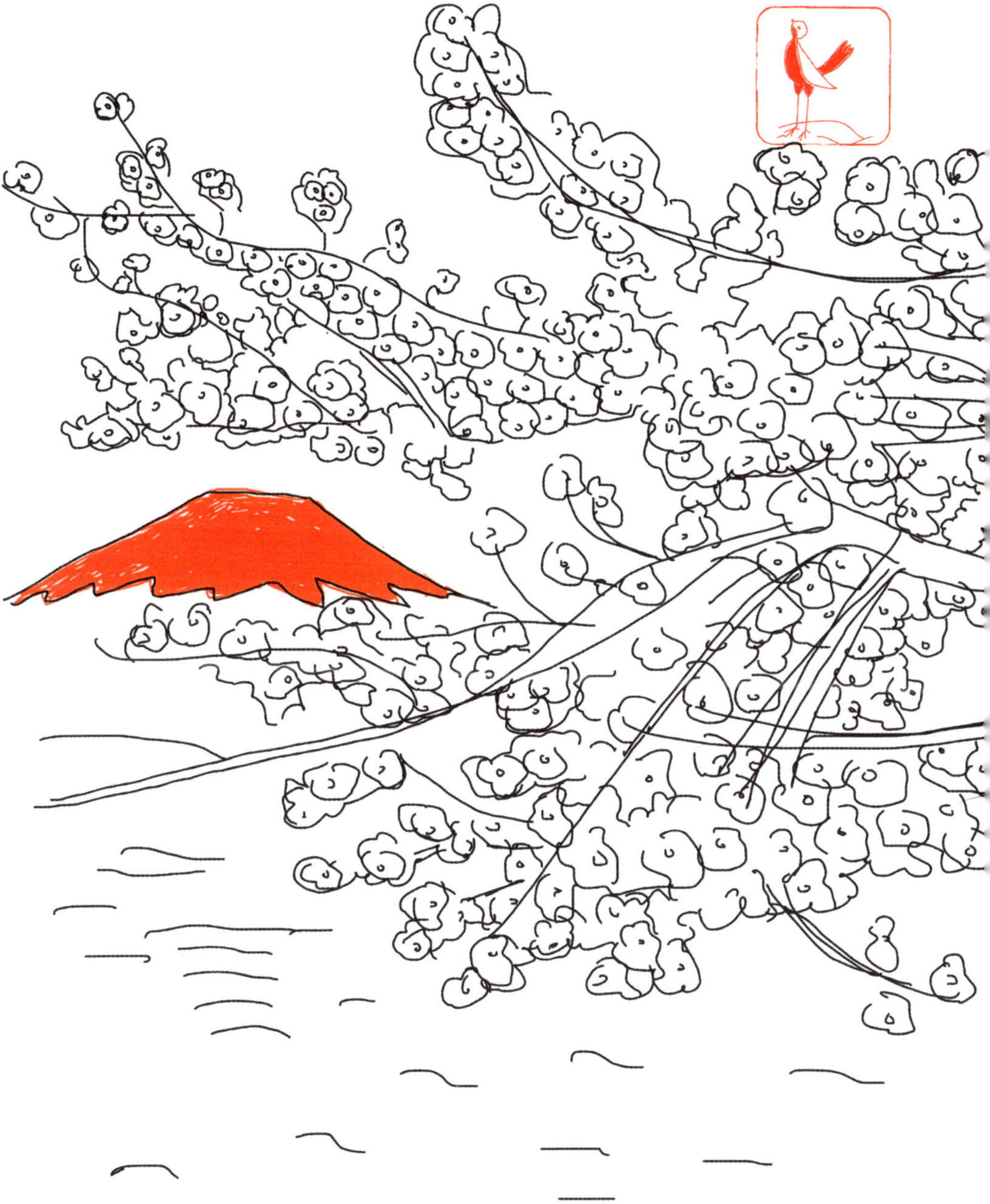

PRATIQUE 2

UNION CORPS-ESPRIT RENFORCÉE. SENTIR VOTRE FORCE VITALE ET VOTRE ÉNERGIE DE VIE.

Quelle que soit la voix, celle d'un personnage ou la vôtre, la voie est juste et bonne…

Le son est très présent dans les traditions orientales, dans le yoga en Inde ou les méditations bouddhistes au Tibet, en Chine, au Japon… À partir de cette pratique sophrologique de développement de soi, nous allons utiliser le son, à l'instar des moines bouddhistes japonais dans les temples visités par Yama. Quels seront les effets du son ? Le son coupe le circuit des pensées, c'est donc un très bon support de méditation ! Il est rapidement apaisant, outre le fait qu'il invite à bien respirer. Avez-vous déjà vu les ondes circulaires se dessiner sur l'eau comme un disque vinyle lorsqu'une grenouille « chante » ? Le son envoie des ondes qui mettent en mouvement. Ici, il va percuter et éveiller vos bonnes cellules. C'est très dynamisant. Yama va aussi vivre cela au Japon, au sein des temples et sanctuaires vibrants de mantras bouddhistes, des sutras chantés, du son des cloches et des gongs.

Les quatre prochaines pratiques utilisent les voyelles « chantées » é, i, o, ou, a, qui ont été étudiées par Alfonso Caycedo pour faire vibrer les différentes parties du corps : tête, cou-épaules, thorax, ventre, bas du corps. Vont émerger, avec la répétition de ces sons harmonieux, de nouvelles sensations. Elles viennent à la conscience. C'est puissant, pour notre alignement et notre énergie !

Dans notre corps, tout est énergie. Nos cellules et même nos molécules sont énergie. L'énergie peut se définir comme la capacité que possède la matière à réaliser un mouvement. Nos cellules bougent tout le temps. Certaines meurent. D'autres naissent, s'associent, se renouvellent, etc. Notre conscience est une énergie. Elle peut se mouvoir où elle veut, dans notre corps, dans la rue, plus loin encore... Notre conscience voyage, et quand elle est en immersion à l'intérieur de nous, elle nous permet d'assimiler les parties de notre corps, notre vécu, nos ressentis.

Prenez le temps, avec cette pratique, de stimuler l'énergie de votre conscience et de la déployer dans votre corps. C'est un voyage guidé... et une formidable ressource pour aller bien ! Pourquoi ? Parce que vous sentez alors votre force vitale. Dans cette pratique, vous allez vivre la puissance du son et votre énergie vitale. Votre énergie vitale, c'est votre force de vie. Elle nous est essentielle. Nous la sentons absente notamment lorsque nous sommes déprimés ou abattus, dépourvus d'envie et d'élan.

Commencez par ce premier ressenti essentiel sur votre chemin : sentir la vie qui vibre en vous !

Vous vous installez au calme, confortablement, dans une position assise, si possible les pieds sur le sol et bien adossé. Sentez le bassin épanoui dans l'assise. Les épaules peuvent être très légèrement en arrière.

PRATIQUE

Détente de tout votre corps

Vous détendez votre front, vos yeux, vos joues, votre mâchoire, votre menton. Vous prenez conscience de la forme de votre visage en train de se détendre... de votre tête qui se relâche. Vous détendez votre cou, votre nuque, vos épaules, bras, mains, doigts... Conscience de la forme de cette deuxième partie de votre corps en train de se détendre. Vous relâchez le thorax, l'intérieur de vos bras, de vos mains et la pulpe de vos doigts. Conscience de la forme du thorax qui se défait de ses tensions. Vous détendez le ventre, la taille, l'abdomen, le dos. Conscience de votre ventre qui respire et se relâche. Détendez votre bassin, relâchez les hanches, les muscles des cuisses, les articulations des genoux, les mollets, chevilles, pieds et orteils. Conscience de la forme du bas de votre corps, de l'os du bassin à la pulpe des orteils, qui se détend… Conscience de tout votre corps que vous installez dans votre pratique.

Respiration d'évacuation des tensions

Vous allez maintenant utiliser la respiration pour bien vous oxygéner et évacuer efficacement toutes vos tensions.
Posez les mains sur le ventre.
Vous soufflez… vous inspirez par le nez, vous retenez l'air, tension douce de tout votre corps dans la posture, expiration par la bouche. Vous évacuez toutes vos tensions…
Vous soufflez… vous inspirez par le nez, rétention, conscience des tensions et crispations qui vous habitent, expulsion de l'air par la bouche et évacuation de tout le négatif…
Vous soufflez… inspiration, rétention, expulsion de l'air et des tensions…
Posez les mains sur les cuisses. Récupération et grande détente…

Réveil de toute votre force vitale

Je vous propose à présent de sentir votre corps vivant, de stimuler votre sentiment d'énergie et de vitalité et de ressentir votre force vitale dans chacune des parties de votre corps.
Pour cela, nous allons utiliser les vibrations du son et l'alphabet de l'énergie : A pour le bas du corps, OU pour le ventre, O pour le thorax, I pour la gorge, E (é) pour la tête et EIOOUA pour le corps en entier.
Imaginez votre corps comme un bel instrument à vent.

Sentir votre énergie de vie
… Dans le bas de votre corps

Posez les mains sur votre corps instrument, en commençant par le bas du corps. Les mains entre le pubis et le nombril, vous allez faire vibrer votre bassin et tout le bas de votre corps. Vous allez utiliser le son voyelle AAAAA… Vous soufflez, inspirez, et en soufflant, laissez sortir le son AAAAA… AAAAA… AAAAA… et continuez : AAAAA… le temps de faire vibrer votre bas-ventre. Vous faites vibrer cette région de la créativité, de la sexualité, de l'ancrage. Vous arrêtez le son. Vous sentez la vibration du son continuer dans le bas de votre corps. Elle réveille toutes les bonnes cellules du bas de votre corps, et tout le potentiel de vie qu'elles contiennent.
Respirez profondément. C'est une énergie de vie très forte qui est présente dans votre corps, dans votre biologie. Accueillez cette force biologique en vous, c'est votre énergie vitale.

Respirez profondément.
Prenez le temps de remercier le bas de votre corps d'être là.
Vous pouvez adresser un message d'encouragement, de soutien, de bien-être à toutes les bonnes cellules qui y sont présentes.
Tout le bas de votre corps s'anime. Agréable présence de l'énergie de votre biologie dans tout le bas de votre corps…

… Dans l'abdomen

À présent, remontez le long de votre corps instrument. Posez vos mains au centre de votre ventre, vous allez le faire vibrer. Votre ventre va devenir la caisse de résonance du son OUUUUU. Vous allez faire vibrer toutes les bonnes cellules de votre abdomen. Vous apaisez votre deuxième cerveau en chantant le son OUUUU, qui est apaisant pour cette zone sensible aux émotions.
Vous soufflez, inspirez, et en expirant faites le son OUUUUU… OUUUUU… Continuez : OUUUUU… OUUUUU… Vibration du son OUUUUU dans tout l'abdomen… Le son résonne dans votre ventre…
Quand vous arrêtez le son, vous sentez sa vibration toujours présente dans votre ventre. C'est un son qui réveille tout le potentiel de vie présent au cœur des tissus et des cellules du ventre. C'est un son qui apaise tous les inconforts.
Respirez tranquillement. Bien-être profond dans le ventre… Respirez… Vous pouvez ressentir la plénitude qui est là dans les profondeurs du ventre. Les intestins sont bien relâchés, notamment grâce au son.
Respirez… Vous pouvez envoyer un message si vous le souhaitez à votre ventre, un message de reconnaissance, d'amour, de remerciement, merci à toutes les bonnes cellules d'être là pour vous…
Agréable présence du ventre qui respire, apaisé.
Agréable présence de votre énergie douce dans le ventre.

… Dans le thorax

Je vous propose maintenant de poser vos mains sur le troisième centre d'énergie de votre corps, celui du thorax. Et de vous relier à l'énergie du cœur de votre corps instrument.
Vous allez faire vibrer cette région du cœur avec le son OOOOO… Ce son va réveiller toutes les bonnes cellules de votre thorax… Et réveiller toute l'énergie de votre cœur…
Vous commencez ?
Vous soufflez, inspirez… retenez un peu l'air… Laissez à présent sortir le

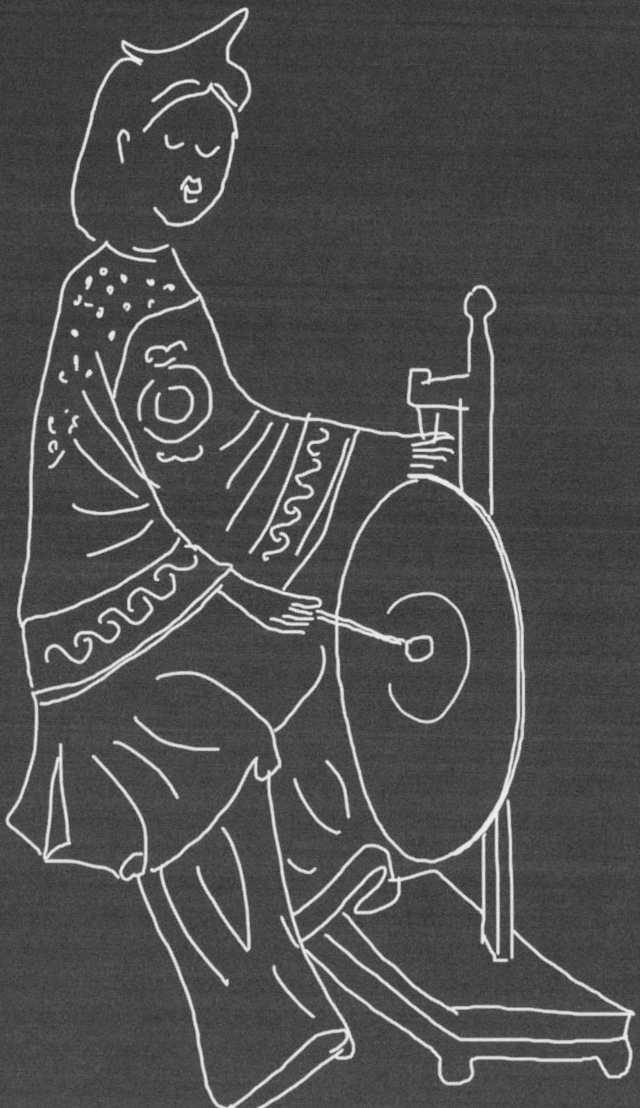

son OOOOO… OOOOO… Et continuez : OOOOO… le temps de faire vibrer votre thorax. Continuez, OOOOO…
Vous arrêtez le son… Vous sentez la vibration qui se poursuit dans votre thorax. Elle éveille toute la bonne énergie de votre thorax, tout le potentiel de vie présent dans vos organes, tissus, cellules.
Respirez profondément. Accueillez cette force de vie que vous avez dans votre cœur, présente depuis vos origines. Accueillez cette force vitale en vous, dans votre thorax, qui rayonne de bien-être et de confiance.
Respirez profondément. Sereinement. Percevez le bien-être de votre thorax. Le bien-être vital qui le renforce.
Respirez profondément. Percevez l'énergie de vie dans votre cœur. Vous pouvez remercier votre cœur, vos poumons d'être là. De battre et de respirer sans que vous ayez rien à faire de particulier.
Découverte de votre énergie vitale dans le thorax. L'énergie du cœur. L'énergie de la respiration.

… Dans la gorge

Pour continuer à jouer de votre corps instrument, mettez ensuite votre conscience au niveau du chakra de la gorge, sur la face avant du cou. C'est un endroit sensible, celui de la relation à soi et à l'autre, celui de l'expression et des cordes vocales.
Ne forcez pas trop le volume du son dans la gorge.
Inspirez, laissez la vibration IIIII… IIIII… résonner doucement, de l'intérieur de la gorge jusqu'à la peau. Doucement, continuez : IIIII… IIIII… Le son glisse dans les épaules, l'extérieur des bras…
Présence agréable du son dans la gorge, le cou, les épaules… Présence du son qui réveille toutes les cellules, des bras jusqu'aux doigts. Réveil très agréable de l'énergie vitale de cette partie du corps.
Vous arrêtez le son. Sa vibration se poursuit, elle réveille de façon positive toute cette zone de la relation et de l'expression.
Respirez naturellement. Accueillez la présence de l'énergie, du potentiel de vie qui réside dans cette partie de votre corps et qui vous donne envie de vous exprimer, d'entrer en relation, de vivre. Peut-être de chanter, de méditer avec un mantra…
Respirez profondément. Présence de cette énergie vitale, de cette joie de vivre. Sentiment de paix dans la gorge.
Respirez. Présence de votre bonheur vital dans la gorge. Vous pouvez adresser un message positif à toutes les cellules de vos cordes vocales, de votre gorge…

Pause. Prenez le temps d'intégrer le potentiel de vie et de joie présent dans votre énergie.

... Dans le visage

Mettez de la conscience à présent dans le haut de votre corps instrument, au milieu du front. Et vous allez laisser sortir le son EEEEE, en respectant la puissance dont vous avez besoin pour sentir le confort dans votre crâne. Stimulation douce de l'énergie... Inspirez, laissez sortir le son : EEEEE... EEEEE... EEEEE... Continuez doucement. Vous prenez conscience de cette énergie de l'esprit. Le son réveille toute l'énergie de vie présente dans les cellules de votre visage, de votre tête.
Cessez le son audible. La vibration est toujours là. Agréable présence de votre tête, de l'énergie vitale en vous...
Respirez doucement et profondément. Présence de l'énergie vitale en vous. Sentiment de paix dans le mental et dans toute la tête. Présence de cette force de vie dans votre cerveau, vos organes sensoriels, la peau de toute votre tête. Bien-être vital... Vous pouvez remercier les cellules de votre cerveau, de vos organes des sens, de fonctionner pour vous. Toute votre tête est là, présente à votre conscience. Bien-être et énergie.
Vous pouvez prendre le temps de fermer les yeux et d'accueillir tout ce que vous venez de vivre dans votre corps instrument. Sentez votre corps dans sa totalité. Laissez sortir doucement les sons E I O OU A... en fluidité, doucement... en plusieurs fois... Sentiment d'unité dans le présent. Vous vous laissez imprégner du positif. Bien-être. Énergie vitale. Vibrations sonores. Vibrations de la vie dans le présent...

MÉDITATION

Accueillez sans juger ni commenter. Les sensations positives,
les impressions, les émotions... Silence...
Voyage intérieur... Sentez la force du tambour dans votre plexus,
à Koyasan...

J'inspire, je sens ma force vitale ;
j'expire, je laisse un grand bonheur vital renforcer mon corps
et ma conscience.

OKU-NO-IN

(Pratique 3)

Un matin où tout sera blanc, je serai avec mes deux frères, les jumeaux benjamins, et ma sœur cadette dans le cimetière bouddhique boisé où repose mon père, Oku-no-in. L'ambiance sera incroyable grâce à la neige qui recouvre les stupas, les mousses et le chemin. Une brume enveloppera les arbres. La neige formera une fine pellicule sur les branches. Nous irons jusqu'à l'extrémité nord, jusqu'au mausolée de Kukaï et passerons le pont. Tout sera gracieux, paré de blanc.

Les fidèles de l'école bouddhiste Shingon croient que Kobo Daishi, Kukaï, n'est pas mort, mais qu'il médite en attendant l'arrivée du Bouddha de l'avenir. Mes frères et ma sœur verront des Japonais faire des offrandes devant sa tombe pour le soutenir et lui chanter des prières. Je m'arrêterai à nouveau, comme dix-sept ans plus tôt, devant les Jizo qui ne sont pas loin, après que ma sœur aura pris un des galets blancs qui entourent le mausolée. Leur bavette aura recueilli la neige et leurs bonnets rouges ou violets seront poudrés.

Pendant quelques minutes, près de la rivière sous la brume et du pont enneigé, devant les Jizo qui accompagnent les âmes, le soleil commencera à poindre et déjà la neige se transformera en gouttes. Dix-sept ans auparavant, je m'étais dit qu'à ma mort, j'aimerais qu'une mèche de mes cheveux, comme le désirent de nombreux Japonais

depuis le XIXe siècle, soit déposée en cet endroit, là où j'avais déposé les cendres de notre père.
Mes deux frères et ma sœur feront ce que je leur aurai demandé.
Le soleil plus fort percera entre les arbres. Un Bouddha sur une tombe proche gardera un petit monticule de neige dans ses paumes ouvertes.
Je retrouverai le cœur de la montagne.

« On dirait que de petits personnages magiques vont surgir ! » Lorsque j'arrive à Oku-no-in, le cimetière de Koyasan, tôt le matin, en chaussures de randonneuse et munie d'un bâton de marche comme les pèlerins, je n'ai aucun sentiment de tristesse, bien que venant y déposer les cendres de mon père ! Celles-ci sont dans une boîte hermétique que je porte dans mon sac à dos. C'est un lieu un peu féerique !
Le long du chemin, des arbres centenaires, tous élancés, majestueux, rejoignent le ciel. La lumière de mai danse sur les feuilles des houppiers d'un vert encore tendre. Cela fait déjà plusieurs années que l'énergie de la nature me rassasie.
Lorsque je n'allais pas bien, il y a quelques années de cela, avant mon divorce, j'ai pris conscience que l'énergie de la nature était d'une prodigalité extraordinaire. Mon ex-mari et moi habitions Stockholm, à l'époque, près de ma mère – la nature est puissante en Suède aussi.
Celle de mes échanges avec les autres humains était épuisable à l'inverse, tant j'en avais besoin. Quant à celle qui passait par la consommation, je ne la nomme même pas, tellement elle était éphémère.
Je vais directement me coller à un grand arbre, respirer son énergie, interagir avec elle. J'en ai vu certains avec des cordelettes. Ce sont des arbres sacrés. Celui-ci a des racines qui ressemblent à une patte d'éléphant. Je colle la peau blanche de mes joues et j'écrase ma poitrine contre l'écorce, en montant sur les racines. Ma mère, nordique, m'a enseigné depuis mon plus jeune âge des gestes écoresponsables et le respect du vivant. Elle m'a appris à me nourrir de la terre et à respirer les énergies des arbres, bien avant que tout le monde ne parle de sylvothérapie.
Présence spirituelle très forte de la nature, impression zen, méditation.

Les tombes à droite et à gauche de l'arbre sont animées d'une force mystérieuse, peut-être due en partie aux statues, aux agencements curieux de pierres rondes, carrées, triangulaires, aux torii présents dans ce cimetière bouddhique. La mort côtoie la vie, le soleil, la mousse

福

愛

partout, fraîche, épaisse et très verte. Les racines traversent tout. Vie et mort se répondent, terre et pierre, arbres et cailloux, ciel et chemin. Au cœur de cette unité, me coller à un arbre, c'est développer mes racines terrestres et célestes.

« Bonjour. »
Je salue d'un signe de tête une famille venue nettoyer les inscriptions, les arroser d'une pierre voisine. Une femme revêt de rouge de petits personnages qui ressemblent beaucoup à ses petits moines. Ce sont de petits bouddhas.
Je reste près d'eux, comme si j'étais un peu de leur famille.
Ils chantent en agitant des clochettes. Les sons me touchent à nouveau, comme ceux des méditations des temples bouddhistes. Je n'en comprends pas le sens, je ressens une émotion douce.
J'ai l'impression d'avoir un corps instrument avec lequel je joue ma musique intérieure. Le son m'apporte de l'apaisement, du bien-être, de l'harmonie, du calme, je descends dans mes profondeurs.

Vivre ma spiritualité par le cœur, l'amour.
Mains, sensations de grandeur et de largeur.

Je repars vers le mausolée lui-même.
Il paraît qu'il y a des tombes de samouraïs et d'autres Japonais très célèbres.
J'entends les vibrations de la forêt. Des sons non audibles flottent dans l'air.
Sur le chemin, un petit bouddha de pierre avec une bavette et un bonnet rouges tricotés semble m'interpeller et se présenter :
– Je suis Jizo Bosatsu !
Je m'incline, je le reconnais grâce au bâton qu'il tient dans une main et au joyau qu'il a dans l'autre. J'ai l'impression qu'il me dit : « J'accompagne les âmes des vulnérables, j'ai choisi de rester parmi les humains pour les accompagner. »
Quand je me demande pourquoi il est vêtu de rouge, j'ai l'intuition qu'il me répond : « C'est pour accompagner les enfants morts dans leur passage. »
Une petite lumière virevolte entre les grands troncs fins des érables.
J'entends un ruisseau couler à côté. Je sens que c'est le bon lieu pour les cendres de mon père. Près de l'eau, des arbres et des Jizo.

Je sens mon corps chaud. L'énergie des forces de la Nature, dont celle des arbres est palpable aussi au Japon. Elle nourrit la mienne. J'ai levé mon visage vers le ciel et reçu par les pores de ma peau toutes ces bonnes énergies qui m'environnent. Mes mains aussi sont très chaudes, comme si l'univers passait par mes paumes.
J'ai dû acheter un grand couteau pour ouvrir l'urne. Je la décapsule très gauchement, avant de ranger soigneusement le couteau dans un foulard. À côté des Jizo, je vide l'urne. Papa, voilà, tes cendres vont profiter à l'énergie du vivant de ce lieu merveilleux. Où que tu sois, j'espère ton âme sereine.
Des oiseaux chantent.
L'univers me répond.
Énergie de la montagne, grande force, j'interagis avec cette force.
Montagne ressentie comme tutélaire.
Je sors mon portable et prends des photos pour les envoyer à mes frères et sœur, avec pour titre « Mission réussie ». Nous avons été élevés par notre père dans le sens du devoir aux parents, « à la japonaise », comme il aimait dire. Il a beaucoup souffert de ne pas réussir à nous transmettre son amour de la terre de ses parents... Enfin, pour ma part, de son vivant, devrais-je ajouter aujourd'hui ! Je sors ma gourde en plastique pour boire un peu d'eau fraîche, il fait chaud en mai au Japon ! Mon père nous a appris que la vie était dure et qu'il fallait souffrir pour obtenir ce qu'on voulait, et ma mère que la nature était prodigieuse et abondante et qu'on pouvait avoir tout ce qu'on voulait en étant reliée à elle. J'ai longtemps cru ma mère naïve. Aujourd'hui, je commence à la croire.

Dans la rue marchande de Koyasan, j'ai acheté pour ce moment des prunes fermentées, des Kit Kat au matcha (!), des gâteaux aux haricots rouges, du saké et une glace à la patate douce.
Je m'assois à côté des Jizo, pour une pause. Je mange avec mon père, en quelque sorte. Un peu comme on le fait en Amérique du Sud. Les prunes sont immondes ! Papa, tu les aurais beaucoup aimées, c'est sûr ! Je bois une gorgée de saké. À la tienne, papa ! C'est doux mais je n'ai pas tellement de plaisir à boire le saké. J'aime beaucoup plus les gâteaux et les Kit Kat au matcha.
J'absorbe aussi toutes les énergies environnantes, celles de l'air, de la lumière, du vent léger qui s'entend dans les feuilles, des oiseaux... Comme un petit écureuil, je fais provision de positif. Une chaleur agréable détend mon ventre.

Spiritualité des organes, façon d'absorber, de digérer, de transformer. S'éveillent des souvenirs joyeux.

Avant de venir ici, près de Shigisan, je suis allée rendre visite, en même temps que des dizaines de classes de collégiens en uniformes, au Bouddha cosmique, le Bouddha de tous les bouddhas, celui des origines, le Créateur dans l'école Kégon, le Sage du Cosmos, dont les mains disent « bienvenue » et « n'ayez pas peur ». Sans croire au Bouddha en tant que divinité, je me suis inclinée devant l'accueil et la sagesse. C'est un bouddha immense, très impressionnant, dont mon père parlait souvent et que de nombreux touristes viennent voir.
Sur le côté gauche était assis Kokuzo Botatsu, le Bodhisattva de la mémoire et de la sagesse que les bouddhistes prient pour qu'il les aide sur le chemin de l'éveil. Je me suis inclinée devant lui aussi.
Le Bouddha est lui-même protégé par deux rois célestes qui veillent sur lui, deux statues plus petites en arrière-plan du temple, dont Tamonten, le Roi Céleste Grande Écoute. À côté de lui, un pilier percé à sa base d'un trou de cinquante centimètres, symbole de la taille de la narine du Grand Bouddha.
Une très vieille dame japonaise me dit quelque chose et devant mon regard interrogateur, un homme de mon âge me traduit en anglais : « Passez par le trou et vous vivrez l'Éveil... » Je ne comprends toujours pas aujourd'hui pourquoi je me suis mise à quatre pattes au milieu des fidèles et des touristes ! Ça me fait sourire. J'ai passé la tête dans le trou. J'ai réussi à me faufiler comme un félin. Lorsque je suis ressortie, la vieille dame a hoché la tête, très contente. Elle m'a parlé tandis que je retrouvais ma bipédie et que je me frottais les hanches un peu endolories. Son fils n'était plus avec elle. Je n'ai rien compris, je n'ai pas cherché à comprendre, j'ai arrêté de chercher à comprendre ici !
Je me ressers une gorgée de saké, à la santé de ton âme, papa, et à la santé du cosmos !
Besoin cellulaire d'un nouveau souffle.
Part spirituelle vécue comme un appel corporel.

PRATIQUE 3

UNION CORPS-ESPRIT-ÉNERGIES POSITIVES. SENTIR L'ÉNERGIE DE LA NATURE, DE L'AIR ET DE L'UNIVERS ET INTERAGIR AVEC ELLE.

Nous en appelons à l'ouverture de tous vos sens !
Le shintoïsme japonais, présent partout où voyage Yama, induit la présence du sacré dans la nature. On peut se sentir proche de cette forme d'animisme. Sans induire de croyance animiste en une forme d'esprit ou d'âme qui animerait tout ce qui n'est pas humain, la sophrologie développe un rapport perceptif sensible et positif au monde. L'énergie étant partout, elle est autour de nous, dans la nature, les arbres, l'univers... Qu'on la nomme *âme* ou *énergie*, cette pratique nous offre l'occasion de la sentir et de nous mettre intentionnellement en relation avec elle. Qui n'a pas senti cette énergie en pleine nature ? Devant un beau paysage ? En randonnée dans la montagne ? En respirant l'air iodé ? Ce sont des énergies très positives. Nous pouvons nous en nourrir. Elles nourrissent notre propre énergie. Chacun met dans cette énergie reçue et intégrée en soi la transcendance qui lui convient.
Vous en êtes au troisième pas de votre voyage intérieur... Comme un troi-

sième pas de marche Kin hin, après cette pratique, qui est une respiration de l'énergie de l'air, de la nature, de l'univers, vous continuerez sûrement de humer cette énergie de façon informelle lors de vos déplacements, promenades, flâneries, moments de silence, de pause… Au-delà d'une pratique et de techniques, la sophrologie développe une façon d'être au monde. Une nouvelle façon de respirer le monde, aussi.
Vous commencez à bien avoir en bouche les sons qui vous font vibrer et déjà votre corps-esprit assimile détente et respirations grâce à la répétition des techniques de base. Ces fondamentaux vous resteront au-delà de ce programme, outils utiles à vie, et pour toutes circonstances.
Avec les sons émis, vous découvrez aussi votre voix… votre souffle… et c'est en soi un chemin intérieur.
Maintenant, votre souffle va rencontrer celui de l'univers… Vous allez vivre votre propre énergie nourrie de celle, prodigieuse, prodigue, de la nature et du cosmos. Sentir cette source infinie fait du bien ! Cela stimule votre énergie vitale et vous relie intimement, à l'instar de Yama au milieu des arbres séculaires du Japon, à cette énergie du vivant qui est partout.
Vous vous installez au calme, confortablement, dans une position assise, si possible les pieds sur le sol et bien adossé. Sentez votre bassin épanoui dans l'assise. Les épaules peuvent être très légèrement en arrière.

PRATIQUE

Détente de tout votre corps

Vous détendez votre front, vos yeux, vos joues, votre mâchoire, votre menton. Vous prenez conscience de la forme de votre visage en train de se détendre… de votre tête en train de se relâcher. Vous détendez votre cou, votre nuque, vos épaules, bras, mains, doigts… Conscience de la forme de cette deuxième partie de votre corps en train de se détendre… Vous relâchez le thorax, l'intérieur de vos bras, de vos mains et la pulpe de vos doigts… Conscience de la forme du thorax qui se détend. Vous détendez le ventre, la taille, l'abdomen, le dos. Conscience de votre ventre qui respire et se relâche. Détendez votre bassin, relâchez les hanches, les muscles des cuisses, les articulations des genoux, les mollets, chevilles, pieds et orteils. Conscience de la forme du bas de votre corps, de l'os du bassin à la pulpe des orteils, qui se détend… Conscience de tout votre corps que vous installez dans votre pratique.

Respiration d'évacuation des tensions

Vous allez maintenant utiliser la respiration pour bien vous oxygéner et évacuer efficacement toutes vos tensions.
Posez les mains sur le ventre.
Vous soufflez... vous inspirez par le nez, vous retenez l'air, tension douce de tout votre corps dans la posture, expiration par la bouche. Vous évacuez toutes vos tensions...
Vous soufflez... vous inspirez par le nez, rétention, conscience des tensions et crispations qui vous habitent, expulsion de l'air par la bouche et évacuation de tout le négatif...
Vous soufflez... inspiration, rétention, expulsion de l'air et des tensions...
Posez les mains sur les cuisses. Récupération et grande détente...

Sentir l'énergie positive de l'univers

Je vous propose de sentir d'abord votre énergie intérieure puis de capter l'énergie positive qui vous entoure, l'énergie de l'air, du ciel et de l'univers et de vous en remplir.
Pour cela, nous allons utiliser comme dans les pratiques précédentes les vibrations sonores et, en nouveauté, un mouvement d'ouverture des bras vers le ciel.
Vous pouvez adopter la position assise ou vous mettre debout.

Se remplir de l'énergie positive de l'univers *... Dans le bas de votre corps*

Activez votre propre énergie.
Posez les mains sur votre corps instrument, en commençant par le bas du corps. Les mains entre le pubis et le nombril, vous allez stimuler la présence de l'énergie de votre conscience dans le bas de votre corps. Vous allez utiliser le son voyelle AAAAA... Vous soufflez, inspirez et, en soufflant, laissez sortir le son AAAAA... AAAAA... AAAAA... et continuez : AAAAA... Le temps de faire vibrer votre bas-ventre. Vous stimulez la présence de l'énergie de votre conscience, dans les tissus de cette région de la créativité, de la sexualité, de l'ancrage...
Maintenant, levez les bras à la verticale et ouvrez les mains vers le ciel, tête légèrement en arrière.
INSPIRATION : sentez l'énergie tout autour de vous, l'énergie positive, celle du ciel, de l'air, de l'univers... Sentez dans vos mains l'interaction d'énergie entre l'univers et vous. Vous la captez. Puis EXPIRATION : vous pouvez envoyer cette bonne énergie qui provient de l'univers dans le bas de votre corps en ramenant les mains sur le bas-ventre.
Respirez profondément... Activez la présence de cette énergie positive

dans le bas de votre corps. Quelques moments pour intégrer le bien-être, l'énergie et votre lien avec l'air, la nature, l'univers...

... Dans l'abdomen

Activez votre énergie.
Posez vos mains au centre de votre ventre.
Vous allez stimuler l'énergie de votre conscience dans tous les organes de votre ventre avec le son OUUUUU.
Vous soufflez... inspirez... expirez : OUUUUU... OUUUUU... Continuez : OUUUUU... OUUUUU... Vibration du son OUUUUU... dans tout l'abdomen. Le son résonne dans votre ventre. Vous stimulez la présence de l'énergie de votre conscience dans les tissus de cette région de la digestion...
À présent, levez les bras à la verticale et ouvrez les mains vers le ciel, tête légèrement en arrière.
Sentez l'énergie tout autour de vous, l'énergie positive, peut-être celle de la nature, celle du ciel, de l'air, de l'univers... INSPIRATION : sentez l'interaction d'énergie entre l'univers et vous. Captez cette énergie. Puis EXPIRATION : vous pouvez envoyer cette bonne énergie qui provient de l'univers dans le bas de votre corps en ramenant les mains sur le ventre...
Respirez profondément. Activez la présence de cette énergie dans votre abdomen... Quelques moments pour intégrer le bien-être de cette énergie qui vous soutient et vous nourrit.

... Dans le thorax

Je vous propose à présent de poser vos mains au centre de votre thorax, sur le sternum.
Vous allez stimuler la présence de l'énergie de votre conscience dans les tissus de votre thorax avec le son OOOOO...
Vous commencez ?
Vous soufflez, inspirez, retenez un peu l'air. Laissez maintenant sortir le son OOOOO... OOOOO... Et continuez : OOOOO... Le temps de stimuler l'énergie de votre conscience dans tous les tissus de cette région du cœur et des poumons... Continuez : OOOOOOO...
Arrêtez le son.
Maintenant, levez les bras à la verticale et ouvrez les mains vers le ciel, tête légèrement en arrière. INSPIRATION : sentez l'énergie tout autour de vous, l'énergie positive, celle de la nature, du ciel, de l'air, de l'univers... Sentez l'interaction d'énergie entre l'univers et vous. Puis EXPIRATION : vous pouvez envoyer cette bonne énergie qui provient de l'univers dans votre

corps en ramenant les mains sur votre thorax, au milieu de votre poitrine… Respirez profondément. Activez la présence de cette énergie positive dans votre cœur, dans la cage thoracique, dans votre plexus… Quelques moments pour intégrer le bien-être, l'énergie et votre lien de cœur avec la nature, le ciel, l'air, l'univers.

… Dans la gorge

Mettez ensuite vos mains au niveau du chakra de la gorge, sur la face avant de votre cou.
Vous allez d'abord stimuler la présence de l'énergie de votre conscience dans les tissus de la gorge.
Ne forcez pas trop le volume du son dans la gorge.
Soufflez, inspirez… Laissez la vibration IIIII… IIIII… résonner doucement de l'intérieur de votre gorge jusqu'à la peau. Doucement, continuez : IIIII… IIIII… Le son glisse dans les épaules, sur l'extérieur des bras…
Présence agréable du son dans la gorge, le cou, les épaules… Présence du son qui réveille la présence de l'énergie dans la deuxième partie du corps.
Vous arrêtez le son.
À présent, levez les bras à la verticale et ouvrez les mains vers le ciel, tête légèrement en arrière. INSPIRATION : sentez l'énergie tout autour de vous, l'énergie positive, celle de la nature, du ciel, de l'air, de l'univers… Sentez l'interaction d'énergie entre l'univers et vous. Vous pouvez la capter. Puis EXPIRATION : vous pouvez envoyer cette bonne énergie qui provient de l'univers dans votre gorge, en ramenant les mains sur la face antérieure de votre cou.
Respirez profondément… Activez par votre respiration la présence de cette énergie positive dans la région de la gorge… Quelques moments pour intégrer le bien-être de cette relation à la nature, à l'air, à l'univers.

… Dans le visage

Mettez maintenant vos mains au milieu de votre front.
Laissez sortir le son EEEEE… en respectant la puissance dont vous avez besoin pour que la sensation soit confortable dans votre crâne.
Stimulation douce de l'énergie. Inspirez, laissez sortir le son… EEEEE… EEEEE… EEEEE… Continuez doucement : EEEEE…
Cessez le son audible. La vibration est toujours là… Agréable présence de votre tête…
Maintenant, levez les bras à la verticale et ouvrez les mains vers le ciel, tête légèrement en arrière. Sentez l'énergie tout autour de vous, l'énergie positive, celle du ciel au-dessus de vous, de l'air tout autour, de l'univers…

Sentez l'interaction d'énergie entre l'univers et vous. Vous pouvez capter cette énergie. Puis vous pouvez envoyer cette bonne énergie qui provient de l'univers dans votre tête, en ramenant les mains sur le front…
Respirez profondément. Activez la présence de cette énergie de l'air et de l'univers dans la tête… Quelques moments pour intégrer le bien-être du mental.

... Dans le corps tout entier

Vous pouvez prendre le temps de fermer les yeux et accueillir tout ce que vous venez de vivre dans les différentes parties de votre corps instrument. Sentez votre corps dans sa totalité. Sentiment d'unité. Vous vous laissez imprégner du positif ressenti. Bien-être. Énergie vitale. Laissez sortir le son TOOOO… TOOOO… Vibrations sonores. Vibrations de la vie… Accueillez sans juger ni commenter les sensations positives, les impressions, les émotions… Silence… À présent, levez les bras à la verticale et ouvrez les mains vers le ciel… Tête légèrement en arrière… Sentez l'énergie tout autour de vous, l'énergie positive, celle de la nature, du ciel, de l'air, de l'univers… INSPIRATION : sentez l'interaction d'énergie entre l'univers et vous. Captez-la dans le creux de vos mains. Puis EXPIRATION : vous pouvez envoyer cette bonne énergie qui provient de l'univers dans votre corps en entier, dans son unité, en ramenant les mains sur votre nombril.
Respirez profondément. Activez la présence de toute cette bonne énergie dans l'ensemble de votre corps, elle nourrit et renforce votre être.
Quelques moments pour intégrer l'énergie, celle de votre conscience et celle de l'univers se rencontrent.

MÉDITATION

Conscience de votre corps dans son unité et sa globalité.
Ici et maintenant…
Conscience de votre respiration et de votre énergie…
Vous embrassez de votre regard intérieur vous-même et le monde.
Voyage cosmique avec les forces de la nature, de l'air et de l'univers… maintenant, ici et au Japon… écoutez les vibrations inaudibles d'Oku-no-In…

J'inspire, je capte l'énergie positive de l'univers ;
j'expire, je nourris la mienne.

京成電鉄
京成電鉄
京成電鉄
京成電鉄
京成電鉄
京成電鉄

NARA
(Pratique 4)

Nara…
J'ai pris le train jusqu'à la belle ville de Nara près du grand parc central, où un millier de daims se promènent en liberté. Je voulais faire un peu de tourisme.
Je me suis promenée dans la ville – on se repère facilement grâce à sa construction en damier –, j'ai déjà acheté un kimono pour une amie, un petit gâteau à la pâte de haricots rouges pour moi. Je pourrais me nourrir de ces gâteaux !
Un daim est venu me le voler ! J'ai râlé, de ma voix encore fluette malgré les années, en vain : il s'est sauvé avec et court beaucoup plus vite que moi !
La veille, j'ai vécu une rencontre avec un daim. Un autre type de rencontre. C'était mon premier sanctuaire shintoïste et j'étais émue de venir dans un endroit de culte où je pouvais imaginer ma grand-mère. Lorsque j'ai passé le grand portique rouge, le torii, j'ai éprouvé une sensation très forte. Il arrive qu'en découvrant des lieux l'on ressente une impression de grande familiarité. Un chemin en pente sous le soleil menait au sanctuaire. J'avais mis un chapeau pour protéger la fine peau de mon visage. Il y avait des daims sur le chemin ! L'un d'entre eux s'est approché de moi, un animal très beau, avec un doux regard. J'ai laissé faire, il est venu me sentir la main et m'a léché les doigts ! J'imagine quel regard

d'enfant émerveillée je pouvais avoir, j'ai pu caresser son poil brun soyeux. C'était un moment suspendu. Hors du temps. Lorsque j'ai continué mon chemin, il m'a suivie jusqu'à un temple rouge magnifiquement orné de milliers de lanternes vertes et or suspendues. C'était à Kasuga -taisha, un sanctuaire shinto de Nara.
Mon thorax est devenu un espace libre et confortable, ma respiration un mouvement spirituel.
Un jeune guide japonais avec une mèche très étudiée sur le front a répondu à ma mine réjouie par un sourire. Il m'a dit en français :
– Je vous ai vue avec le daim. Il est tout de suite venu vous voir en ami !
– Oui. Pourquoi tous ces daims ? On dirait qu'ils sont les gardiens de cet espace sacré.
– Les daims sont les émissaires des déités qui sont vénérées ici.
– Lesquelles ?
– Oh ! Il y en a des centaines ; en gros, ce sont les déités de la chance.
– Ah, c'est pour ça que j'en ai eu, moi, de la chance, ai-je dit d'un ton enjoué.
Il a souri avec moi.
– Un moment divin ! a-t-il plaisanté.
– Ah ! Vous maniez même le second degré en français.
Nous avons continué de discuter du Japon et du shintoïsme...

Cette rencontre avec le daim, je ne l'oublierai pas... C'était un moment de grâce.

Revenons à Nara. Je viens de trouver une chambre à côté du parc : un tatami, un futon, une petite table, un peu de thé, dans moins de dix mètres carrés. De la fenêtre, je vois un temple. Et une queue devant une sorte de bivouac improvisé.
Curieuse, je descends, chausse mes tennis restés à l'entrée de l'hôtel et file rejoindre la queue. Je trouve une femme japonaise qui parle un peu anglais. Apparemment, une femme célèbre au Japon donne des consultations et beaucoup de Japonais attendent pour la voir. Je n'ai rien à faire de particulier, je me laisse porter. Je fais moi aussi la queue. Une heure plus tard, j'entre dans le bivouac. Une petite dame étonnante vêtue de blanc et rouge, avec un chignon qui rassemble ses cheveux gris au-dessus d'une tête toute ronde, m'adresse un sourire tendre, un peu espiègle. Derrière elle, des plantes, peut-être du bambou, et de petits bols en céramique avec des baies. Dans l'air, une odeur de sauge, je crois.

KINTETSU NARA
近鉄奈良駅

La vieille dame me prend les mains et me parle en japonais, les yeux dans les yeux. Je vois, dans ses yeux rieurs du fond des âges, un monde infini de paix et une grande force. La vieille dame chante. Même si je ne comprends pas le japonais, la connexion est une évidence et l'amour de cette femme est immense. J'éprouve de la chaleur et le soleil me paraît rayonnant.
Tout est calme, tranquille, presque silencieux.
Mon calme est spirituel.
Elle me tend un thé noir bien chaud, « shiso », répète-t-elle.
Plus tard, je me souviendrai du mot et je chercherai son sens : « plante sacrée, calmante et relaxante, aux vertus antiallergiques ».
Elle me lisse plusieurs fois l'intérieur des mains. J'ai de petites paumes. Je ne cherche pas ni à participer, ni à mettre une intention. Son chant m'enveloppe de douceur, j'ai même envie de fermer les yeux. C'est la première fois que je me confie de cette façon à une inconnue. Je suis la première étonnée de ne pas chercher d'explication rationnelle.
Un jardin zen japonais. Simplicité désarmante de ce long rectangle illustre.
Des lignes et ronds dessinent des sillons de graviers gris clair dans la plus grande tradition des jardins zen, un peu de mousse presque luminescente sert d'îlot à des rochers disposés depuis le fond du jardin de la partie gauche vers le devant de la partie droite, laissant un espace vierge pour le regard du spectateur qui arrive et s'assoit.
Ce vide est juste parfait.
Sur le mur qui entoure le jardin, le temps a dessiné dans la pierre des sortes de fantômes, des ombres, des silhouettes.
Dans ce jardin, quatorze des quinze rochers sont perceptibles à l'œil nu.

À la fin de la rêverie, je remercie la vieille dame en joignant les mains et je sors à petits pas de la tente. C'était une belle surprise !
Mon thorax est comblé. Je perçois l'extérieur par mon intuition. J'embrasse les daims, les arbres, les humains, l'herbe, l'espace, l'air et le soleil comme d'un même regard. Le tissu de mon jean est trop chaud, j'ai envie d'avoir les jambes à l'air.

– Elle s'appelle Shihizo, me dit en anglais la jeune fille qui m'a accueillie la veille à l'hôtel et qui a monté avec énergie mon sac dans la chambre. Elle tente de m'apprendre à faire une grue en origami. Je ne suis pas très manuelle, j'ai fait des tableaux Excel pendant toute ma vie professionnelle. Ce n'est pas vraiment que la finance m'intéressait, mais j'étais douée en maths... Il y a un an, j'ai quitté la société où je travaillais depuis vingt ans. J'ai suffisamment bien négocié mon départ pour pouvoir être tranquille quelque temps. À ma façon de plier le papier, je suis sûre de ne pas me reconvertir dans l'origami.

– Shihizo...

Je me répète ce prénom, que j'aime bien. Dans la bouche, on dirait un bonbon.

– Shihizo vient d'Okinawa, elle voyage pour apporter des messages de paix. Elle s'occupe de la terre, de la nature et du cosmos, et aussi des personnes.

– C'est une sorte de chamane ?

Je ne sais pas grand-chose des chamanes. Seulement que ce sont des médecins ancestraux aux pouvoirs spirituels. Yumi, c'est son prénom, ne connaît pas ce mot.

À la fin de la journée, quand je serai allongée sur mon futon, à ma conscience surgiront les mots suivants : unité, énergie posée et subtile, ancrage et liberté, part spirituelle, âme ; cosmos, vie et mort de mes cellules qui se renouvellent.

Vie et mort, renouvellement incessant.

Paix. Vie.

Grand calme intérieur, je vis ma part spirituelle dans la contemplation d'un retour à l'essentiel.

Sensation intérieure du minéral.

Je découvrirai avec étonnement que ma rêverie était la projection prophétique d'une prochaine étape de mon voyage !

3 juin. Ryoan-ji, le Temple du repos du dragon, monastère zen au nord-ouest de Kyoto. Son jardin minéral est un rectangle d'une simplicité renversante. Je suis arrivée tôt pour éviter la foule des touristes.

Assise devant le jardin, je contemple l'érable.

La quinzième pierre, celle qu'on ne voit pas, me questionne sur l'invisible.

Plus que jamais, la quintessence de ma vraie force m'apparaît n'être ni dans les manifestations extérieures de mon énergie, ni dans ce que j'ai fait dans ma vie, mais dans ma vie intérieure.

Vent léger, des cerisiers, un ginkgo. Minéralité. Sensation de cuivre.

PRATIQUE 4

UNION CORPS-ESPRIT-CŒUR. VIVRE VOTRE DIMENSION SPIRITUELLE ET SENTIR LA PRÉSENCE DE VOTRE « ÂME ».

Êtes-vous spirituel ?
Si être spirituel, c'est avoir de l'humour, serait-ce une qualité de l'esprit ?
La spiritualité, qu'est-ce alors ? Elle peut être religion, comme dans le shintoïsme et le bouddhisme pour les Japonais, mais ne l'est pas en sophrologie, de même que celle-ci n'oppose pas le corps et l'esprit, la matière et l'esprit.
En sophrologie, la spiritualité est celle de Yama, sans dieu ; elle est un éveil de l'être tout entier, corps et esprit, à l'Amour, à sa voix intérieure, à sa foi en quelque chose… Le spirituel s'inscrit dans le biologique… Matière et esprit ne se séparent jamais.
Cette pratique est donc un éveil de la spiritualité dans la tradition sophrologique, toujours à partir du biologique.
Libre à vous, ensuite, de laisser monter en vous ce qu'elle est. Peut-être aura-t-elle pour vous un lien à l'énergie, à l'intuition, à l'âme, à l'être, à une énergie fédératrice du vivant, à une énergie transcendante, à un dieu… Cette pratique ne dicte aucune expérience individuelle, que ce soit celle d'une spiritualité

laïque ou d'une autre forme. Elle est en dehors des dogmes et des rites. Vous la laissez émerger des profondeurs de votre corps.

Les mantras des bouddhistes de Shigisan et Koyasan sont les chants de leur âme. Le son est encore présent dans cette pratique et peut, si vous le souhaitez, se teinter de cette même dimension. Les shintoïstes japonais, qu'ils soient ancêtres de Yama ou Japonais d'aujourd'hui, « voient » une âme dans chaque chose, dans les forces de la nature, dans les éléments... Cette pratique vous laisse répondre à cette question : quelle est pour moi mon âme ? Qu'est-ce qui est spirituel pour moi ?

Qu'est-ce que l'âme ? Pourrait-on dire que c'est la Yama de chacun : la partie intouchée et intouchable de notre être, quelle que soit la connotation du terme ? Sentir la présence de votre âme, voici ce que propose cette pratique. Sentir qu'en vous, il y a cette partie intouchée et intouchable. L'âme, c'est aussi peut-être l'Amour, le sanctuaire intérieur, l'Être, la lumière intérieure...

Avec cette pratique, il s'agit pour vous de vivre votre dimension spirituelle et non de l'expliquer rationnellement. De vivre de façon non intellectuelle ce que veut dire « présence de mon âme » OU « de mon être profond » OU « de l'amour »...

Vous développerez votre sentiment de congruence : l'unité qui se crée en nous quand tout est bien cohérent, quand notre esprit, notre corps et notre cœur fonctionnent en harmonie, quand tout est bien aligné.

Vous vous installez au calme, confortablement, dans une position assise, si possible les pieds sur le sol et bien adossé. Sentez votre bassin épanoui dans l'assise. Vos épaules peuvent être très légèrement en arrière.

PRATIQUE

Détente de tout votre corps

Vous détendez votre front, vos yeux, vos joues, votre mâchoire, votre menton. Vous prenez conscience de la forme de votre visage en train de se détendre... de votre tête en train de se relâcher. Vous détendez votre cou, votre nuque, vos épaules, bras, mains, doigts... Conscience de la forme de cette deuxième partie de votre corps en train de se détendre... Vous relâchez votre thorax, l'intérieur de vos bras, de vos mains et la pulpe de vos doigts... Conscience de la forme de votre thorax qui se détend. Vous détendez le ventre, la taille, l'abdomen, le dos. Conscience de votre ventre qui respire et se relâche. Détendez votre bassin, relâchez les hanches, les muscles des cuisses, les articulations des genoux, les mollets, chevilles, pieds et orteils. Conscience de la forme du bas de votre corps, de l'os du bassin à la pulpe des orteils, qui se détend... Conscience de tout votre corps que vous installez dans votre pratique.

Respiration d'évacuation des tensions

Vous allez à présent utiliser la respiration pour bien vous oxygéner et évacuer efficacement toutes vos tensions.
Posez les mains sur votre ventre.
Vous soufflez... vous inspirez par le nez, vous retenez l'air, tension douce de tout votre corps dans la posture, expiration par la bouche. Vous évacuez toutes vos tensions.
Vous soufflez... vous inspirez par le nez, rétention, conscience des tensions et crispations qui vous habitent, expulsion de l'air par la bouche et évacuation de tout le négatif...
Vous soufflez... inspiration, rétention, expulsion de l'air et des tensions.
Posez les mains sur les cuisses. Récupération et grande détente...

Présence de votre « âme », « être », « amour », « lumière intérieure »

Je vous propose maintenant de sentir la présence de votre part spirituelle, de laisser émaner tous les phénomènes (sensations, impressions, émotions) qui proviennent de celle-ci et de créer une unité corps-esprit-âme, ou corps-esprit-cœur.
Pour cela, nous allons utiliser les vibrations du son pour éveiller l'énergie de votre conscience dans le corps puis éveiller votre dimension spirituelle en partant de votre être biologique. C'est une pratique pour vous connecter à votre être profond.

Éveiller votre dimension spirituelle avec la conscience

... Du bas de votre corps

Posez les mains sur votre corps instrument, en commençant par le bas du corps. Les mains entre le pubis et le nombril, vous allez stimuler la présence de l'énergie de votre conscience dans le bas de votre corps. Vous allez utiliser le son voyelle AAAAA... Vous soufflez, inspirez et, en soufflant, laissez sortir le son AAAAA... AAAAA... AAAAA... et continuez : AAAAA..., le temps de faire vibrer votre bas-ventre. Vous stimulez la présence de l'énergie de votre conscience, dans les tissus de cette région de la créativité, de la sexualité, de l'ancrage.

Vous pouvez cesser la stimulation et accueillir la conscience du bas de votre corps.

En étant bien connecté à votre intériorité corps-esprit dans le bas du corps, laissez monter lors de vos INSPIRATIONS la présence de votre âme, ou de votre être ou de l'amour, selon les mots qui vous conviennent, laissez monter votre part spirituelle, laissez émerger à chaque inspir la dimension spirituelle de votre être. Laissez venir les sensations, les images, les impressions, les émotions, les pensées, tous les phénomènes qui émergent avec votre part spirituelle, votre âme, votre être… Vous pouvez prononcer mentalement pendant votre inspir une sorte de mantra : « présence de ma part spirituelle » ou « présence de mon âme » – ou toute autre formule qui vous renvoie à votre façon de vivre la spiritualité. Lors de vos inspirations, vivez cette présence. Lors de vos EXPIRATIONS, vous pouvez contempler sa présence qui est en vous. Dans vos expirations, contemplez la présence de votre âme en vous.

Dans vos expirations, sentiments de bonheur vital.

Respirez profondément. Votre corps, votre conscience et votre âme se rencontrent dans la cinquième partie de votre corps.

Vous incarnez dans le bas de votre corps votre dimension spirituelle. Détente et sentiment de congruence.

... Dans l'abdomen

À présent, remontez le long de votre corps instrument. Posez vos mains au centre de votre ventre. Vous allez stimuler l'énergie de votre conscience dans tous les organes de votre ventre avec le son OUUUUU.

Vous soufflez… inspirez… OUUUUU… OUUUUU… Continuez : OUUUUU… OUUUUU… Vibration du son OUUUUU dans tout l'abdomen. Le son résonne dans votre ventre. Vous stimulez la présence de l'énergie de votre conscience dans les tissus de cette région de la digestion.

Vous pouvez cesser la stimulation et accueillir la conscience du ventre.

En étant bien connecté à votre intériorité corps-esprit dans le ventre, laissez monter lors de vos inspirations la présence de votre âme, ou de votre être ou de l'amour, selon les mots qui vous conviennent, laissez monter votre part spirituelle, laissez émerger à chaque INSPIR la dimension spirituelle de votre être. Laissez venir les sensations, les images, les impressions, les émotions, les pensées, tous les phénomènes qui émergent avec votre part spirituelle, votre âme, votre être… Vous pouvez prononcer mentalement pendant votre inspir une sorte de mantra : « présence de ma part spirituelle » ou « présence de mon âme » – ou toute autre formule qui

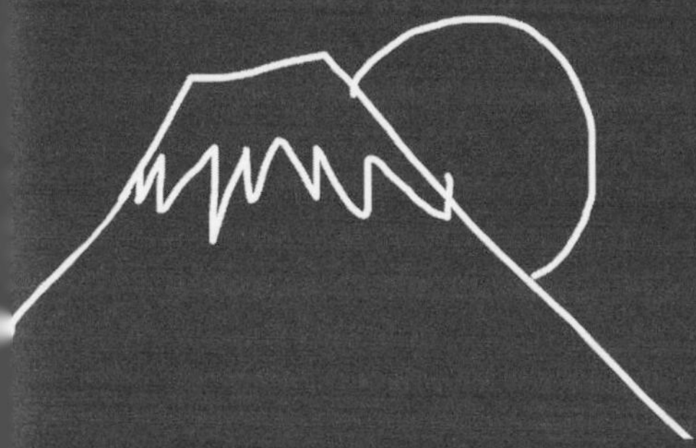

vous renvoie à votre façon de vivre la spiritualité. Lors de vos inspirations, vivez cette présence. Lors de vos expirations, vous pouvez contempler sa présence qui est en vous. Dans vos expirations, contemplez la présence de votre âme en vous.

Dans vos expirations, sentiments de bonheur vital.

Respirez profondément. Votre corps, votre conscience et votre âme se rencontrent dans la quatrième partie de votre corps.

Vous incarnez dans votre abdomen votre dimension spirituelle. Détente et sentiment de congruence.

... Du thorax

Je vous propose à présent de poser vos mains au centre de votre thorax, sur le sternum.

Vous allez stimuler la présence de l'énergie de votre conscience dans votre thorax avec le son OOOOO...

Vous commencez ?

Vous soufflez, inspirez, retenez un peu l'air... laissez maintenant sortir le son OOOOO... OOOOO.... Et continuez : OOOOO, le temps de stimuler l'énergie de votre conscience dans tous les tissus de cette région du cœur et des poumons. Continuez : OOOOO...

Vous arrêtez le son.

Vous pouvez cesser la stimulation et accueillir la conscience de votre thorax.

En étant bien connecté à votre intériorité corps-esprit dans le thorax, laissez monter lors de vos inspirations la présence de votre âme, ou de votre être ou de l'amour, selon les mots qui vous conviennent. Laissez monter votre part spirituelle, laissez émerger à chaque inspir la dimension spirituelle de votre être. Laissez venir les sensations, les images, les impressions, les émotions, les pensées, tous les phénomènes qui émergent avec votre part spirituelle, votre âme, votre être... Vous pouvez prononcer mentalement dans votre INSPIR une sorte de mantra : «présence de ma part spirituelle» ou «présence de mon âme»... ou toute autre formule qui vous renvoie à votre façon de vivre la spiritualité. Lors de vos inspirations, vivez cette présence. Lors de vos expirations, vous pouvez contempler sa présence qui est en vous. Dans vos expirations, contemplez la présence de votre âme en vous.

Dans vos expirations, sentiments de bonheur vital.

Respirez profondément. Votre corps, votre conscience et votre âme se rencontrent dans la troisième partie de votre corps.

Vous incarnez dans votre thorax votre dimension spirituelle. Détente et sentiment de congruence.

... De la gorge

Mettez ensuite vos mains au niveau du chakra de la gorge, sur le devant du cou. Vous allez stimuler la présence de l'énergie de votre conscience dans les tissus de votre gorge.
Ne forcez pas trop le volume du son.
Inspirez. Laissez la vibration IIIII... IIIII... résonner doucement, depuis l'intérieur jusqu'à la peau. Doucement, continuez : IIIII... IIIII... Le son glisse dans les épaules, l'extérieur des bras...
Présence agréable du son dans la gorge, le cou, les épaules... Présence du son qui réveille la présence de l'énergie de la conscience dans la deuxième partie du corps.
Vous arrêtez le son.
Vous pouvez cesser la stimulation et accueillir la conscience de votre gorge.
En étant bien connecté à votre intériorité corps-esprit dans la gorge, laissez monter lors de vos INSPIRATIONS la présence de votre âme, ou de votre être ou de l'amour, selon les mots qui vous conviennent. Laissez monter votre part spirituelle, laissez émerger à chaque inspir la dimension spirituelle de votre être. Laissez venir les sensations, les images, les impressions, les émotions, les pensées, tous les phénomènes qui émergent avec votre part spirituelle, votre âme, votre être... Vous pouvez prononcer mentalement pendant votre inspir une sorte de mantra : « présence de ma part spirituelle » ou « présence de mon âme », ou toute autre formule qui vous renvoie à votre façon de vivre la spiritualité. Lors de vos inspirations, vivez cette présence. Lors de vos expirations, vous pouvez contempler sa présence qui est en vous. Dans vos EXPIRATIONS, contemplez la présence de votre âme en vous.
Dans vos expirations, sentiments de bonheur vital.
Respirez profondément. Votre corps, votre conscience et votre âme se rencontrent dans la deuxième partie de votre corps.
Vous incarnez dans le cou, les épaules, les bras, les mains et les doigts votre dimension spirituelle. Détente et sentiment de congruence.

... Du visage

Mettez maintenant vos mains au milieu de votre front. Vous allez laisser sortir le son EEEEE..., en respectant la puissance dont vous avez besoin pour que la sensation soit confortable dans votre crâne.
Stimulation douce de l'énergie de la conscience dans la tête. Inspirez, laissez sortir le son... EEEEE... EEEEE... EEEEE... Continuez doucement : EEEEE...

Cessez le son audible. La vibration est toujours là... Agréable présence de votre tête...
Vous pouvez cesser la stimulation et accueillir la conscience dans le visage.

En étant bien connecté à votre intériorité corps-esprit dans votre tête, laissez monter lors de vos inspirations la présence de votre âme, ou de votre être ou de l'amour, selon les mots qui vous conviennent. Laissez monter votre part spirituelle, laissez émerger à chaque inspir la dimension spirituelle de votre être. Laissez venir les sensations, les images, les impressions, les émotions, les pensées, tous les phénomènes qui émergent avec votre part spirituelle, votre âme, votre être... Vous pouvez prononcer mentalement dans votre inspir une sorte de mantra : « présence de ma part spirituelle », ou « présence de mon âme », ou toute autre formule qui vous renvoie à votre façon de vivre la spiritualité. Lors de vos inspirations, vivez cette présence. Lors de vos expirations, vous pouvez contempler sa présence qui est en vous. Dans vos expirations, contemplez la présence de votre âme en vous.
Dans vos EXPIRATIONS, sentiments de bonheur vital.
Respirez profondément. Votre corps, votre conscience et votre âme se rencontrent dans la première partie de votre corps.
Vous incarnez dans votre tête votre dimension spirituelle. Détente et sentiment de congruence.

... Du corps tout entier

Vous pouvez prendre le temps de fermer les yeux et accueillir tout ce que vous venez de vivre dans les différentes parties de votre corps instrument. Sentez votre corps dans sa totalité. Sentiment d'unité. Vous vous laissez imprégner du positif ressenti. Bien-être. Énergie vitale. Vibrations sonores. Plusieurs fois : E... I... O... OU... A... E... I... O... OU... A... Vibrations de la vie... E... I... O... OU... A... Accueillez sans juger ni commenter les sensations positives, les impressions, les émotions... Silence...
Vous pouvez cesser la stimulation et accueillir la conscience de votre corps tout entier.
En étant bien connecté à votre intériorité corps-esprit dans l'ensemble de votre corps, laissez monter lors de vos inspirations la présence de votre âme, ou de votre être ou de l'amour, selon les mots qui vous conviennent. Laissez monter votre part spirituelle, laissez émerger à chaque inspir la dimension spirituelle de votre être. Laissez venir les sensations, les images, les impressions, les émotions, les pensées, tous les phénomènes

qui émergent avec votre part spirituelle, votre âme, votre être… Vous pouvez prononcer mentalement dans votre inspir une sorte de mantra : « présence de ma part spirituelle », ou « présence de mon âme », ou toute autre formule qui vous renvoie à votre façon de vivre la spiritualité. Lors de vos inspirations, vivez cette présence. Lors de vos expirations, vous pouvez contempler sa présence qui est en vous. Dans vos expirations, contemplez la présence de votre âme, de votre être, de l'amour… en vous. Dans vos expirations, sentiments de bonheur vital.
RESPIREZ profondément. Votre corps, votre conscience et votre âme se rencontrent dans votre corps tout entier dans son unité et son unicité. Vous incarnez en conscience votre dimension spirituelle. Détente et sentiment de congruence : tout est bien à l'unité, aligné et en cohérence.

MÉDITATION

Revenez à la conscience de votre corps dans sa globalité
et dans l'instant présent. Respirez doucement par le ventre.
Le corps, le cœur et l'esprit bien alignés…

J'inspire, je sens la présence de mon âme ;
j'expire, union de mon corps, de mon cœur et de mon esprit

KIBUNE
(Pratique 5)

À Kibune, dans les montagnes du nord de Kyoto, j'ai rejoint ma part animale, instinctive.

Quatre-vingt-quatre marches menant au sanctuaire de Kifune-jinja apparaissent à gauche de la route. Les pierres scintillent et glissent sous les chaussures. Mes chaussettes sont mouillées, mon pantalon aussi, jusqu'aux cuisses. L'eau transperce même le K-Way. Du haut d'un escalier jalonné de très jolies lanternes rouges, je perçois en aval les flots de la pluie qui maintenant ont conquis toute la rue. C'est presque effrayant.

Kibune abrite le sanctuaire de la divinité de l'eau, c'est un village de montagne formé d'une seule rue longée par une rivière. Quand je suis arrivée à Kibune, il s'est mis à pleuvoir très fort ! J'ai bien compris chez quel kami j'étais ! La pluie fut tellement abondante qu'en quelques minutes, la rue qui monte à Kibune ressembla à un petit ruisseau. J'ai dû me mettre vite à l'abri, m'équiper de mon K-Way et de ma capuche. Le fracas de la rivière était rugissant ! J'ai quand même eu envie de grimper dans la montagne !

Ce n'est pas du tout raisonnable par ce temps, pourtant je continue de grimper le long d'un chemin de pierre glissant et très pentu. Mes jambes commencent à fatiguer. Je regarde bien le sol durant mon

ascension. Les racines de certains cèdres forment comme des pattes énormes. L'eau coule sur mon visage, goutte de mon nez. Autant de pluie, c'est très impressionnant. Malgré mes bonnes chaussures de marche, ne pas glisser est ardu. Je lutte. Pourquoi ? En fait, je ne sais pas...
(Je le saurai après, je gagnais un des endroits sacrés de cette montagne connue autant pour sa pente abrupte que pour ses cèdres séculaires.)
Lors de l'ascension, une énergie tellurique très forte assaille soudain ma poitrine.
L'eau descend du ciel et une énergie de feu émane de la terre, les deux se rencontrent et se rejoignent dans mon corps.
Je suis très étonnée de sentir mes mains mouillées et bouillantes. Je transpire. Je sens comme le canal d'une énergie qui ne provient ni de ma chaleur, ni de mes efforts. C'est une énergie de la vitalité de la terre.
J'apprendrai qu'à cet endroit de la forêt existent une onde de forme, des vibrations électromagnétiques denses. Cet endroit possède un fort pouvoir. Tout y est intense, même la pluie !

Chaque parcelle de mon corps est mouillée maintenant et j'ai chaud, j'ai tellement chaud que c'en est presque trop excitant pour mes sens. Je regarde mes mains, si chaudes, et les passe sur mon visage ruisselant de pluie et de sueur.
Une énergie animale m'électrise. Une sorte d'instinct, ou d'intuition très dense, que mon corps est le transmetteur d'une énergie qui vient de loin, des animaux avant moi, des premiers homo sapiens, et de plus loin encore, des origines de la Terre, il y a des milliards d'années.

L'écoute de mon cœur qui bat, les mouvements de mes poumons qui respirent, de ma peau moite qui palpite, les sensations de chaleur, de transpiration, les sensations de pesanteur, les sensations d'appui... au cœur de cette montagne, toutes les cellules de mon corps sont actives. Elles ont en elles la force du vivant et de l'univers.
Plus je monte dans la montagne vers Kurama, plus s'opère en moi comme une remontée progressive, jusqu'au big bang, du ressenti de la force de vie des origines et de l'instinct du guépard dans mon cœur qui bat. Je vis ma bipédie comme le fruit d'une longue progression. Animal fort en moi. C'est ma part intuitive d'aujourd'hui.

(Ce lieu m'a fait une impression si dense que je reviendrai à Kibune à l'automne, deux ans plus tard, avec Isaac, sa femme Jamila et mon petit-fils Tim, à la fin de momijigari, la saison de la contemplation des érables japonais, durant laquelle les Japonais viennent admirer Koyo, le rougissement des feuilles.
Les érables des montagnes offrent alors un spectacle magnifique entre le pourpre, le vermillon et l'orangé que les éclairages nocturnes de Kibune rendent magiques.
C'est un spectacle de la nature, aussi attendu au Japon que celui des cerisiers en fleurs.)
Retour au contact des arbres et de leurs racines sorties de terre sur le mont Kurama.
Sensation de mon corps-arbre avec de la sève, je ferai phénomène avec la sève, je porterai en moi toute l'énergie de la nature depuis la nuit des temps.
Nous ferons une pause dans une source chaude et thermale qui vient de la montagne, un onsen. Nus, bien sûr !
Un délice. La nature est luxuriante tout autour, le calme olympien.
Nous repartirons ensuite pour une grimpée abrupte. J'aurai le petit Tim sur mon dos. Nous arriverons jusqu'à un observatoire où le regard rayonne sur tous les monts et sur les forêts aux magnifiques couleurs flamboyantes.

Lorsque je redescends tout doucement de la montagne vers Kibune, grand sentiment de courage. Sentiment de faire partie de l'évolution, et que cette énergie passe par mon corps. Je suis mon corps, je suis mon corps dépositaire de cette force et, quand je ne serai plus, cette force, elle, continuera et j'en aurai été un médium.
J'en ressors vaillante.

La pluie s'est calmée. En bas, je me repose sur un banc un petit quart d'heure.
Comme souvent quand je ferme les yeux, je plonge dans mon monde intérieur... au bord du sommeil... J'entends Shihizo...
« À Okinawa, les femmes yuta s'occupent des histoires individuelles, privées, personnelles, et les femmes noro de la société, de la terre, du cosmos. Moi, Shihizo, je suis une Noro, je voyage et j'apporte des messages de paix au monde de cent vingt ans. »
C'est une rêverie très agréable, avec Shihizo qui porte un bel habit

rouge et blanc. Elle me regarde dans les yeux.
« Yama, tu es déjà une Noro et tu seras bientôt une Yuta et tes mains seront outils de paix »...
J'ouvre les yeux, reposée.
Bonjour, lumière du jour.
Sentiment d'un renouveau, voire d'une renaissance.
Spiritualité présente, sentiment de déploiement existentiel, cellules en pleine santé.

PRATIQUE 5

RESSENTIR LA MÉMOIRE DU VIVANT EN VOUS, VOTRE PART INSTINCTIVE ET INTUITIVE, VOTRE LIEN À LA TERRE ET À TOUTES LES ESPÈCES VIVANTES.

Combien d'entre nous se sentent-ils seuls ? Peut-être vous sentez-vous seul parfois ? Nous pouvons expérimenter dans notre chair que nous ne le sommes pas.

Yama voyage seule mais ne l'est pas. Nous ne sommes pas seuls car nous sommes la somme de tout ce qui nous a précédés et nous faisons partie, depuis les origines de la terre, des espèces animales et du genre homo, d'une grande chaîne de vie qui continuera de se développer après nous, notamment grâce à notre existence.

Parfois nous nous sentons vides et sans énergie. Et pourtant… nos cellules portent toute la vie qui a existé avant nous. Faut-il encore le ressentir ? Oui, et c'est ce que propose cette pratique. Vous sentir, par essence du monde du vivant, à égalité avec les autres espèces sur le plan horizontal, et provenant de toute une évolution du vivant sur le plan vertical… Élargissons la conscience au monde que nous portons en nous, dans chacune de nos cellules, à notre instinct animal… à notre part intuitive.

Cette pratique nous invite à sentir cela, à entrer dans cette dimension présente en nous à laquelle nous ne pensons pas habituellement.
Nouveauté dans l'intention des sons ! Vous allez d'abord mobiliser l'énergie de vos cellules avec le son, en dehors de toute représentation, de toute rationalisation. Cela vaut le coup que nous vivions avec nos cellules présentes à la conscience, car elles travaillent sans cesse pour nous et notre conscience est en interaction permanente avec la leur ! Avez-vous remarqué, par exemple, combien notre stress leur est nuisible ? À l'inverse, si nous activons l'énergie des bonnes cellules, si nous sommes reliés au positif, nos cellules se gorgent de ce positif comme un fruit du soleil. Elles reçoivent nos messages. Pendant les quatre prochaines pratiques, les cellules vont être au cœur de votre connexion intérieure. Prenez le temps, soyez patient avec la croissance de votre « conscience cellulaire », elle est nouvelle !
Les pratiques 5 à 8 sont essentielles : comme Yama dans son voyage vers sa famille japonaise, vous allez ressentir toute la puissance de vos origines. Vos origines vivantes, animales et ancestrales. Pourquoi ? Nous sommes ceux qui nous ont précédés… Remonter aux origines, c'est remettre en perspective toute une appartenance au monde du vivant.
Alors, comment se sentir seul quand nous sommes tous reliés ? Mitakuye Oyasin : « Nous sommes tous reliés ». Salutation des Sioux Lakota.

PRATIQUE

Détente de tout votre corps

Vous détendez votre front, vos yeux, vos joues, votre mâchoire, votre menton. Vous prenez conscience de la forme de votre visage en train de se détendre… de votre tête en train de se relâcher. Vous détendez votre cou, votre nuque, vos épaules, bras, mains, doigts… Conscience de la forme de cette deuxième partie de votre corps en train de se détendre… Vous relâchez le thorax… l'intérieur de vos bras, de vos mains et la pulpe de vos doigts… Conscience de la forme du thorax qui se détend. Vous décontractez le ventre, la taille, l'abdomen, le dos. Conscience de votre ventre qui respire et se relâche. Détendez votre bassin, relâchez les hanches, les muscles des cuisses, les articulations des genoux, les mollets, chevilles, pieds et orteils. Conscience de la forme du bas de votre corps, de l'os du bassin à la pulpe des orteils, qui se détend… Conscience de tout votre corps que vous installez dans votre pratique.

Respiration d'évacuation des tensions

Vous allez maintenant utiliser la respiration pour bien vous oxygéner et évacuer efficacement toutes vos tensions.
Posez les mains sur votre ventre.
Vous soufflez… vous inspirez par le nez, vous retenez l'air, tension douce de tout votre corps dans la posture, expiration par la bouche. Vous évacuez toutes vos tensions.
Vous soufflez… vous inspirez par le nez, rétention, conscience des tensions et crispations qui vous habitent, expulsion de l'air par la bouche et évacuation de tout le négatif.
Vous soufflez… inspiration, rétention, expulsion de l'air et des tensions…
Posez les mains sur les cuisses. Récupération et grande détente.

Activation de l'énergie dans toutes les cellules du corps

Posez les mains sur votre corps instrument, en commençant par le bas du corps. Les mains entre le pubis et le nombril, vous allez stimuler la présence de l'énergie dans les cellules du bas de votre corps. Vous allez utiliser le son voyelle AAAAA… Vous soufflez, inspirez et, en soufflant, laissez sortir le son AAAAA… AAAAA… AAAAA… et continuez : AAAAA…, le temps de faire vibrer votre bas-ventre. Vous stimulez la présence de l'énergie dans toutes les cellules de la cinquième partie de votre corps, par la force de votre voix et du phonème AAAAA…
Puis vous pouvez essayer de continuer à dire AAAAA dans votre tête, sans que le son soit audible. AAAAA en phonème par la pensée… Vous renforcez le positif dans le bas de votre corps.
Vous arrêtez la stimulation et appréciez l'énergie cellulaire de votre ventre.
Remontez vos mains au centre de votre ventre. Vous allez stimuler l'énergie de toutes les cellules de votre ventre par le son OUUUUU.
Vous soufflez, inspirez, et en expirant : OUUUUU… OUUUUU… Continuez : OUUUUU… OUUUUU… Vibration du son OUUUUU… dans tout l'abdomen. Le son résonne dans le ventre. Vous stimulez la présence de l'énergie dans toutes les cellules de votre ventre.
Puis vous pouvez essayer de continuer à faire OUUUUU, sans que le son soit audible. OUUUU en phonème par la pensée… Vous renforcez le positif dans votre ventre.
Vous arrêtez la stimulation et appréciez l'énergie cellulaire de votre abdomen.
Je vous propose à présent de poser vos mains au centre de votre thorax, sur le sternum.

Vous allez stimuler la présence de l'énergie dans toutes les cellules de votre thorax avec le son OOOOO…
Vous commencez ?
Vous soufflez, inspirez, retenez un peu l'air… Laissez maintenant sortir le son OOOOO… OOOOO… Continuez : OOOOO… Le temps de stimuler l'énergie dans toutes les cellules de votre thorax. Continuez : OOOOO…
Puis vous pouvez essayer de continuer à faire OOOOO… sans que le son soit audible. OOOOO en phonème par la pensée. Vous renforcez le positif de votre thorax.
Vous arrêtez la stimulation et appréciez l'énergie cellulaire dans votre thorax.
Mettez ensuite vos mains sur le devant de votre cou. Vous allez stimuler la présence de l'énergie dans toutes les cellules du cou, des épaules, des bras, mains et doigts.
Inspirez… Laissez la vibration IIIII… IIIII… résonner doucement, depuis l'intérieur jusqu'aux cellules de votre peau. Doucement, continuez : IIIII… IIIII… Le son glisse dans les épaules, l'extérieur des bras.
Présence agréable du son dans la gorge, le cou, les épaules… Présence du son qui réveille la présence de l'énergie dans toutes les cellules de la deuxième partie du corps.
Puis vous pouvez essayer de continuer à faire IIIII… sans que le son soit audible. IIIII… en phonème par la pensée. Vous renforcez le positif dans la deuxième partie du corps.
Vous arrêtez la stimulation et appréciez l'énergie cellulaire et le bien-être.
Mettez à présent vos mains au milieu de votre front, et vous allez laisser sortir le son EEEEE…, en respectant la puissance dont vous avez besoin pour que la sensation dans votre crâne soit confortable.
Stimulation douce de l'énergie dans toutes les cellules de la tête. Inspirez, laissez sortir le son : EEEEE… EEEEE… EEEEE… Continuez doucement : EEEEE… Agréable perception de la présence de l'énergie dans toutes les cellules de la première partie du corps.
Puis vous pouvez essayer de continuer à faire EEEEE sans que le son soit audible. EEEEE en phonème par la pensée. Vous renforcez le positif dans la première partie de votre corps.
Vous arrêtez la stimulation et appréciez l'énergie cellulaire et le bien-être.
Perception profonde de l'énergie dans toutes les cellules de votre corps. Vous descendez ainsi dans ses profondeurs. E… I… O… OU… A… E… I… O… OU… A… Prenez le temps de vivre en profondeur votre corps et son bien-être, qui va perdurer pour les heures et les jours à venir.

Me sentir profondément relié au monde du vivant

Vous essayez de faire appel à la mémoire cellulaire de toute la force de la matière vivante qui a évolué et se trouve dans vos cellules, à votre part instinctive et intuitive, et à votre essence vivante.

Mains sur le bas-ventre

Avec vos INSPIRATIONS, laissez monter à votre conscience la présence de l'énergie biologique du bas de votre corps, celle de vos cellules activées, cette énergie de vie, biologique, qui provient des premières formes émergentes de la vie sur Terre, des origines de la TERRE… À l'EXPIRATION, prenez le temps d'intégrer toute cette puissance de vie dans vos cellules, celle de cette énergie primordiale de la Terre et du monde vivant, celle du début du développement de la vie. Bonheur vital…

… Mains sur le ventre

Avec vos INSPIRATIONS, laissez monter à votre conscience la présence de l'énergie cellulaire de votre ventre, cette énergie qui a été stimulée et qui résulte de toute une merveilleuse évolution du vivant. Mémoire cellulaire de la vie en vous, de la vie depuis ses origines en vous… de tous ces MILLIONS d'années qui se sont déroulés pour que chacune des cellules de votre abdomen soit ce qu'elle est aujourd'hui. À l'EXPIRATION, prenez le temps de vivre cette dimension de la vie dans vos cellules… Mémoire cellulaire positive de vie, de la nature. Bonheur vital d'appartenir à ce monde vivant et d'être relié par essence à cette nature…

… Mains sur le thorax

Avec vos INSPIRATIONS, laissez maintenant monter l'énergie cellulaire stimulée dans votre thorax, et la présence de cette énergie, à l'origine de la vie terrestre dans vos cellules. Présence en nous de l'énergie des ANIMAUX, présents avant tout être humain, présence en nous de cette dimension animale, présence des grands instincts… Mémoire de la période des primates dans nos cellules. À l'EXPIRATION, prenez le temps d'intégrer cette force de vie, de vous relier à votre instinct, à votre intuition. Conscience de ces millions d'années avant nous pour que nous soyons ici… Bonheur vital d'être intrinsèquement relié à la Terre, à la vie, à la nature, aux animaux…

... *Mains sur le cou*

Avec vos INSPIRATIONS, laissez maintenant monter à votre conscience la présence de votre énergie, laissez monter la présence de l'énergie des premiers ÊTRES HUMAINS. Présence de la mémoire cellulaire de cette période du genre homo en vous... À chaque inspiration, agréable perception de cette énergie, agréable sensation dans la deuxième partie du corps. À l'EXPIRATION, intégration, renforcement du positif. Conscience des origines de notre énergie, conscience de notre corps vivant, de nos cellules... Bonheur vital d'être intrinsèquement relié à la Terre, à la vie, à la nature, aux animaux, aux êtres humains...

... *Mains sur le front*

Avec vos INSPIRATIONS, laissez maintenant monter à votre conscience la présence de l'énergie cérébrale. Laissez monter la présence de l'énergie de l'Homo sapiens sapiens en nous. Présence de la mémoire cellulaire de cette période de l'homo sapiens sapiens, il y a cinquante mille ans, en nous. Agréable perception de notre tête, de l'énergie de notre psyché. À l'EXPIRATION, intégration, renforcement du positif, conscience des origines de notre énergie... de toute cette évolution en nous. Que nous portons en nous. Bonheur vital...

... *Mains sur le nombril*

Avec vos INSPIRATIONS, laissez monter en vous la présence de l'énergie de vos cellules dans tout votre corps. Laissez monter en vous, dans vos cellules, la présence de toute cette mémoire cellulaire du monde VIVANT depuis ses origines. Inspirations. Conscience de cette puissance énergétique en vous.

Avec vos EXPIRATIONS, sentez l'énergie de l'évolution du vivant dans toutes vos cellules... Votre corps est le dépositaire de toute cette mémoire de vie et est intrinsèque au monde vivant – passé, présent et futur.

Vous faites partie du monde du vivant, historiquement, originellement, radicalement. Vous êtes relié à tout ce qui est vivant, la Terre et toutes ses espèces vivantes... Vivant dans le vivant, depuis ses origines. Grand bonheur vital...

MÉDITATION

Accueillez toutes vos sensations et impressions positives.
Laissez venir ce qui vient, sans jugement, sans commentaire…
Revenez à la conscience de la globalité de votre corps, de votre posture, de vos appuis dans le présent. Respirez tranquillement par le ventre.
Détente de la tête, du cou, des épaules, du thorax, du ventre et du bas du corps…
Trois respirations profondes avant de remettre du mouvement dans votre corps, doucement…
MITAKUYE OYASIN : « Nous sommes tous reliés ».
Cette salutation sioux vaut aussi pour Yama, unie à la TERRE du mont Kurama et à son énergie animale.

J'inspire, je sens la présence du vivant en moi ;
j'expire, je me connecte à ma part instinctive et intuitive.

KYOTO (Pratique 6)

Aujourd'hui est un grand jour ! Je fais connaissance d'une miko de Kamigamo, Aya. Elle a l'air d'avoir vingt ans, très jolie dans sa tenue rouge et blanche. Elle va me faire vivre cette expérience très attendue et organisée pour les touristes qui le demandent : passer une journée dans la peau d'une miko !

Afin de mieux comprendre la force ancestrale japonaise dont je suis dépositaire, j'ai ressenti le besoin de me mettre à la place de ma grand-mère Hana et de vivre une journée de gardienne d'un sanctuaire shintoïste.

– Nous commençons par le nettoyage du sanctuaire, annonce Aya.

Pendant que des hommes en blanc refont les cônes de sable pour qu'ils soient tous identiques, nous astiquons et balayons. Devenir miko n'est pas un engagement religieux, c'est un travail salarié.

J'ai suivi cet appel et me suis rendue à Kamigamo-jinja, un sanctuaire très joyeux dans lequel on vénère depuis des temps très anciens le dieu du tonnerre. Dès que je suis entrée dans l'allée centrale de Kamigamo, c'est d'un pas allègre que j'ai suivi les autres touristes jusqu'aux deux cônes de sable, qui symbolisent le masculin et le féminin. L'air était léger, le temps très doux. Des touristes achetaient des corbeaux à trois pattes et des amulettes. D'autres faisaient la queue aux goshuin. Il n'y avait pas trop de monde, l'endroit n'est pas des plus visités.

(Je suis retournée plusieurs fois dans ce sanctuaire pour m'en imprégner.)
Aya et moi allons nous incliner devant les dieux de Kamigamo, selon le rituel shinto. Je frappe dans mes mains. Des générations de femmes, avant moi, ont fait ce geste. Des générations d'hommes, de femmes et d'enfants avant moi ont transmis ces gestes. Je le vis avec cette intention de sentir en moi les transmissions ancestrales, de vie et de culture, dont je résulte.
On dit que l'habit ne fait pas le moine, du moins aide-t-il à se sentir miko. Dans l'une des résidences de prêtres situées sur le site, m'attend la fameuse tenue shinto des miko : un sous-kimono blanc, un autre par-dessus, un pantalon et des tabi, chaussettes au pouce séparé. Le costume me fait grand effet ! Même s'il est un peu petit pour ma grande taille… J'y entre comme dans la peau de mes ancêtres shinto, piliers d'une communauté.
Que j'aime marcher dans mon pantalon rouge vif ! Nous traversons le sanctuaire. Je ne me sens ni costumée, ni déguisée en une autre, je me sens juste très à l'aise. La force vitale des arbres est intense aux alentours. Le bosquet de bois est un vestige de la forêt primaire, des touristes la prennent en photo. L'énergie du féminin et du masculin est partout, en particules fines. Dans ma propre unité. Il y a la force brute aussi de la nature, avec le dieu Tonnerre.
– Yama, nous allons effectuer une des tâches délicates des miko : la calligraphie des goshuin.
La tâche s'annonce ardue, tracer les idéogrammes correctement et dans le bon espace n'est pas simple ! Je me sens très investie.
J'ai reçu mon premier goshuin à Koyasan et ça a beaucoup compté pour moi. Calligraphier des goshuin est un acte de foi, et les pèlerins le font dans un cahier à chaque fois qu'ils passent dans un temple ou un sanctuaire. Je commence moi-même à en avoir une belle collection.
– Je crois que ça fait très longtemps, peut-être depuis le CP, que je ne me suis autant appliquée !
Avec une plume pinceau, je m'entraîne à écrire le nom de Kamigamo au centre, le mot prière à gauche et mon nom à droite. Je recommence une dizaine de fois au brouillon. Ça me rappelle les anciens buvards, ma main gauche est noircie.
– Bon, voilà, tranche Aya qui m'aide à obtenir un beau goshuin. Il ne manque plus que le coup de tampon.

Je donne le coup de tampon rouge et dodeline de la tête. Je fais cela quand je suis fière de moi. J'ai effectué à la main un geste très fort pour tout Japonais. C'est une répétition inscrite dans mes mouvements, comme une intelligence kinesthésique qui vivrait par-delà les âges dans mes cellules. Je me découvre de nouvelles perspectives, avec cette spiritualité et ce savoir originels, transmis de cellule en cellule jusqu'à celles qui me composent actuellement...
– Nous allons maintenant confectionner une o-mamori, annonce Aya.
– Qu'est-ce que c'est ?
C'est une amulette comme celles qui sont vendues partout dans les sanctuaires. Cela m'enthousiasme. J'adore, comme tous les Japonais, les amulettes et les gris-gris protecteurs.
– Ce sont les miko qui font les amulettes des sanctuaires ?
– Hum hum... C'est une part importante de notre travail.

Mémoire de mes ancêtres... Force des temps infinis comme sensations biologiques, sentiment de vies multiples... J'adore tresser des fils d'or à des fils de couleurs et ajouter des clochettes et des pendentifs. Ce travail-ci me plaît bien au-delà de l'aspect décoratif.

Pour avoir acheté des amulettes à chaque sanctuaire que j'ai visité, je sens combien elles sont porteuses d'espoir et de protection divine. Ce que me dit Aya ne fait que confirmer ce sentiment :
– Laisse ton amulette, maintenant qu'elle est finie, pour qu'elle soit bénie ici et tu viendras la chercher demain.
Mon amulette est orange et or, il y a le dessin délicat des deux cônes de Kamigamo d'un côté, et celui d'une feuille de ginkgo de l'autre. Les fils tressés forment un joli nœud. J'entends sa clochette. Sur le pendentif, il est écrit « Kamigamo ».
– Accompagner les cérémonies de mariage, aussi, fait partie du travail des miko.
Redécouverte d'un sentiment connu, du fond des âges.
Nous finissons cette étonnante journée par la salle des objets de mariage shinto. Je touche les objets, des cruches, des récipients.
Profondeur de leur énergie.
Ils me plaisent.
Si je me mariais une deuxième fois – pour l'instant je suis une heureuse célibataire –, j'aimerais bien le faire ici. Dire que ma grand-mère, mon arrière-grand-père et d'autres hommes et femmes avant eux ont

célébré des cérémonies dans un sanctuaire de Tokyo… Quelle découverte d'une partie de moi-même…

Je sors de cette journée à Kamigamo le corps bouillonnant d'énergie et le cœur battant pour ce bien vieux sanctuaire de Kyoto, pour la lignée des femmes animistes avant moi. Je ne pensais pas que l'apparaître de cette journée à mon cœur et à mon âme serait un tel phénomène !
Je passe le grand torii orange qui marque l'entrée du sanctuaire Kamigamo. Derrière moi l'allée blanche, derrière elle, plus loin, un autre torii, plus loin encore le hall principal du sanctuaire, au confluent de deux ruisseaux d'eau claire. Je presse mon goshuin contre mon plexus.
– À demain. Pour mon amulette bénie.
Aya me salue de la main. Je la sens longtemps derrière moi, corpulence moyenne, tandis que je marche sur la route.
Pendant la nuit qui suit… lignée féminine maternelle très présente, rêve d'un cercle de femmes depuis la préhistoire, avec une guenon. Force de la féminité, de l'énergie génétique, l'énergie du cœur et celle du féminin.
Sentiment de ressources, sensation d'ouverture, d'élan, de grandeur, dans tout mon corps…

Deux jours plus tard, à Kyoto, j'assisterai à une cérémonie du thé.
La main droite de l'officiante dépliera un foulard orange, l'autre main plongera un petit baquet fixé à une longue tige de bambou dans de l'eau chaude, pour ne le remplir qu'à moitié. La main droite posera la cuillère en bois, se lancera dans l'air et saisira un petit fouet en forme de blaireau. Agitera le fouet, sculpté dans le bambou. L'eau se mélangera au matcha en poudre, dans un bol peu profond.
La maîtresse de la cérémonie du thé, habillée en geiko, se lèvera. Ses mains blanches, qui enserrent le bol de façon très symétrique, le poseront sur la table devant moi et lui feront faire un quart de tour.
Je regarderai le breuvage vert et dense au fond du bol et goûterai le matcha très épais.
La femme en kimono récupérera tous les ustensiles.
Là encore, je me sentirai dépositaire de gestes ancestraux pratiqués par les Japonaises…

Beaucoup de chaleur jusqu'au bout des doigts, cœur chaud, bonheur de vivre, aussi, joie d'être là, joie d'exister.

Kyoto aura été une étape radicale pour moi. Il m'aura fallu cette étape au cours de mon voyage pour que je sente mon appartenance à une lignée et m'en sente renforcée.

Revenons à la fin de cette belle journée à Kamigamo.
Je rentre à la maison. C'est une ancienne machi-ya, une maison en bois de plus de cent ans, dans une rue calme de Kyoto, près d'un supermarché, d'une boulangerie et d'une laverie automatique, que j'ai louée pour une semaine. Les autres machi-ya du quartier sont pour la plupart reconverties en boutiques et en restaurants.
J'y prends le pouls du quartier dans le cœur de Hanamachi, la ville-fleur, là où vivent et travaillent les geiko. C'est ainsi qu'on appelle les geishas à Kyoto.
J'ai faim. Je vais tester une nouvelle spécialité de la boulangerie japonaise. La vendeuse est toute petite et porte un masque, elle m'accueille d'une voix très aigüe et agite sa main quand je m'en vais. Dès que je pousse les portes du supermarché d'à-côté, je retrouve la même musique électronique et la même caissière que la veille, j'achète des agrumes. Il y a une petite partie cafétéria à côté du stand de poisson frais, avec des chaises dont les pieds portent des chaussettes en laine tricotée !
Puis je me promène dans le quartier. Au crépuscule, des geiko vont travailler dans les restaurants du quartier ou ont rendez-vous avec des clients dans les maisons de thé.
Un salon de thé fait de la glace pilée aromatisée au matcha. Comme il fait très chaud, j'en mange quotidiennement depuis trois jours. Les geiko marchent vêtues de leur long kimono et de leur éventail.
À la laverie, j'ai fait la connaissance d'Akiko, une très jeune fille de douze ans. La première fois que nous nous sommes vues, Akiko revenait du collège – elle portait l'uniforme bleu marine à bordures blanches et les grandes chaussettes bleues –, elle m'a abordée en anglais avec fraîcheur et spontanéité : « Vous venez d'où ? » « De Belgique ». Elle ne savait pas où c'était.
Je la croise au salon de thé. Je lui raconte ma journée dans la peau d'une miko.
– Tu aimerais, toi, devenir miko ?
– Je préfèrerais devenir meiko.
Une meiko est une apprentie geisha.
– Je vais apprendre les arts et devenir une vraie geiko.

Les yeux noirs de la petite Akiko brillent lorsqu'elle regarde passer les geiko.
Et ma grand-mère Hana, avait-elle les yeux qui brillaient quand elle assistait aux cérémonies shinto de son père ?
Sans doute, dans notre arbre généalogique que j'imagine être un cerisier, d'autres petites filles sont-elles devenues meiko, puis geiko.
Grande confiance en la vie, sans doute parce que je ne me sens pas seule.
Je vis avec une mémoire des origines de la vie terrestre, de mes ancêtres, de l'humain.
Ma cosmogonie est immense.
Sentiment d'appartenance renforcé et élargi.
– Ce sera très dur, mais c'est ce que je veux faire depuis mes huit ans.
Je pense à ma grand-mère, devenue une des rares prêtresses shintoïstes, après une formation longue et difficile auprès de son père…
Lors d'un prochain voyage, j'irai à Tokyo, visiter le sanctuaire de Kannon, la célèbre déesse de la compassion. C'est là que ma grand-mère est devenue Meikai, prêtresse en chef.
– Je suis sûre que tu vas réussir !
Nous mangeons en rêvant notre glace au matcha.

五十鈴川郵便局
五十鈴川郵便局

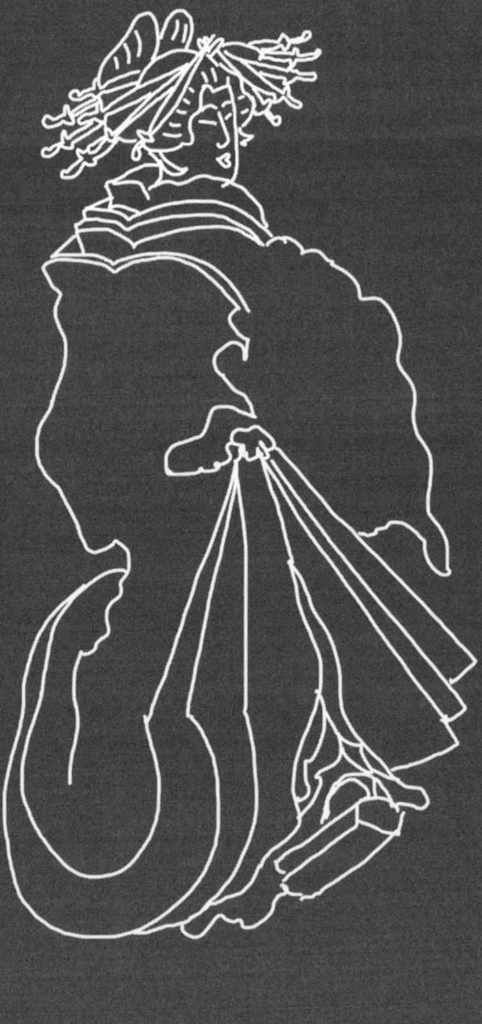

PRATIQUE 6

ANCRAGE.
RESSENTIR LA MÉMOIRE DE VOS ANCÊTRES, LE LIEN À VOS RACINES ET À TOUS CEUX QUI VOUS ONT PRÉCÉDÉ.

Que faisons-nous de nos ancêtres ? Les Japonais vouent facilement un culte à la nature, et un autre aux ancêtres, sans relier cela à une religion. Beaucoup de civilisations ont incorporé le culte des ancêtres, comme les Indiens, les Inuits, les Aborigènes... Sans faire des ancêtres un objet de culte, la sophrologie en fait un objet de pratique. Puisque nous sommes tous reliés, nous sommes reliés aussi à nos ancêtres – qu'ils soient *Homo habilis*, le premier du genre *Homo* il y a 2,5 millions d'années, *Homo sapiens*, il y a environ deux cent mille ou trois cent mille ans, qu'ils aient un patronyme dans notre arbre généalogique ou qu'ils soient prêtre et prêtresse shinto de génération en génération au Japon, ils sont toujours présents en nous, dans nos cellules. Eh ! oui, toujours les cellules ! La pratique de cette « incorporation » de nos ancêtres en nous offre un formidable ancrage ! Un élargissement de la notion psychologique de cellule familiale à un arbre séculaire, large, solide et d'une longévité exemplaire, comme les ginkgos du Japon ! Et donc, sensation de vie très forte. Et puis, qui sait ? Peut-être certains de nos ancêtres

nous soutiennent-ils ? Peut-être sont-ils protecteurs ? À chacun sa croyance en ce qui concerne l'âme de ses ancêtres…
Cette pratique va vous permettre de sentir pleinement le lien qui vous unit à vos racines, dans la joie, et de vivre au plus profond de vous l'énergie cellulaire de ceux qui vous ont précédé. Peut-être n'y aviez-vous jamais pensé, pas plus que Yama n'était au départ intéressée par ses racines japonaises. Accueillez la découverte ! Acceptez d'être, en lisant ce livre, agréablement dépaysé, et laissez-vous porter par le flux des sons, des mots et des images. Si Yama et vous remontez dans le temps, c'est pour sentir toute la vie qui coule en vous au PRÉSENT !

PRATIQUE

Détente de tout votre corps

Vous détendez votre front, vos yeux, vos joues, votre mâchoire, votre menton. Vous prenez conscience de la forme de votre visage en train de se détendre… de votre tête en train de se relâcher. Vous détendez votre cou, votre nuque, vos épaules, bras, mains, doigts… Conscience de la forme de cette deuxième partie de votre corps en train de se détendre… Vous relâchez le thorax, l'intérieur de vos bras, de vos mains et la pulpe de vos doigts… Conscience de la forme du thorax qui se détend. Vous détendez le ventre, la taille, l'abdomen, le dos. Conscience de votre ventre qui respire et se relâche. Détendez votre bassin, relâchez les hanches, les muscles des cuisses, les articulations des genoux, les mollets, chevilles, pieds et orteils. Conscience de la forme du bas de votre corps, de l'os du bassin à la pulpe des orteils, qui se détend… Conscience de tout votre corps que vous installez dans votre pratique.

Respiration d'évacuation des tensions

Vous allez maintenant utiliser la respiration pour bien vous oxygéner et évacuer efficacement toutes vos tensions.
Posez les mains sur votre ventre.
Vous soufflez… Vous inspirez par le nez, retenez l'air ; tension douce de tout votre corps dans la posture, expiration par la bouche. Vous évacuez toutes vos tensions…
Vous soufflez… Vous inspirez par le nez, rétention, conscience des tensions et crispations qui vous habitent, expulsion de l'air par la bouche et évacuation de tout le négatif.

Vous soufflez… Inspiration, rétention, expulsion de l'air et des tensions. Posez les mains sur les cuisses. Récupération et grande détente.

Activation de l'énergie dans toutes les cellules du corps

Posez les mains sur votre corps instrument, en commençant par le bas du corps. Les mains entre le pubis et le nombril, vous allez stimuler la présence de l'énergie dans les cellules du bas de votre corps. Vous allez utiliser le son voyelle AAAAA… Vous soufflez, inspirez puis, en soufflant, laissez sortir le son AAAAA… AAAAA… AAAAA… Continuez : AAAAA…, le temps de faire vibrer votre bas-ventre. Vous stimulez la présence de l'énergie dans toutes les cellules de la cinquième partie de votre corps par la force de votre voix et du phonème AAAAA…

Puis vous pouvez essayer de continuer à faire AAAAA dans votre tête, sans que le son soit audible. AAAAA en phonème par la pensée. Vous renforcez le positif dans le bas de votre corps.

Vous arrêtez la stimulation et appréciez l'énergie cellulaire de votre ventre.

Remontez vos mains au centre de votre ventre. Vous allez stimuler l'énergie de toutes ses cellules avec le son OUUUUU.

Vous soufflez, inspirez, et en soufflant : OUUUUU… OUUUUU… Continuez : OUUUUU… OUUUUU… Vibration du son OUUUUU… dans tout l'abdomen. Le son résonne dans votre ventre, vous stimulez la présence de l'énergie dans toutes ses cellules…

Puis vous pouvez essayer de continuer à faire OUUUUU, sans que le son soit audible. OUUUUU en phonème par la pensée, vous renforcez le positif dans votre ventre.

Arrêtez la stimulation et appréciez l'énergie cellulaire de votre abdomen.

Je vous propose maintenant de poser vos mains au centre de votre thorax, sur le sternum.

Vous allez stimuler la présence de l'énergie dans toutes les cellules de votre thorax, par le son OOOOO…

Vous commencez ?

Vous soufflez, inspirez, retenez un peu l'air… Laissez à présent sortir le son O… OOOOO… Et continuez : OOOOO…, le temps de stimuler l'énergie dans toutes les cellules de votre thorax. Continuez : OOOOO…

Puis vous pouvez essayer de continuer à faire OOOOO… sans que le son soit audible. OOOOO en phonème par la pensée, vous renforcez le positif de votre thorax.

Vous arrêtez la stimulation et appréciez l'énergie cellulaire dans votre thorax.

Mettez ensuite vos mains sur le devant de votre cou. Vous allez stimuler

la présence de l'énergie dans toutes les cellules du cou, des épaules, des bras, mains et doigts.
Inspirez, puis laissez la vibration IIIII… IIIII… résonner doucement, depuis l'intérieur jusqu'aux cellules de votre peau. Doucement, continuez : IIIII… IIIII… Le son glisse dans les épaules, l'extérieur des bras…
Présence agréable du son dans la gorge, le cou, les épaules, qui réveille la présence de l'énergie dans toutes les cellules de la deuxième partie du corps.
Puis vous pouvez essayer de continuer à faire IIIII, sans que le son soit audible : IIIII en phonème par la pensée. Vous renforcez le positif dans la deuxième partie de votre corps.
Vous arrêtez la stimulation et appréciez l'énergie cellulaire et le bien-être…
Mettez maintenant vos mains au milieu de votre front, et laissez sortir le son EEEEE…, en respectant la puissance dont vous avez besoin pour avoir une sensation de confort dans le crâne.
Stimulation douce de l'énergie dans toutes les cellules de la tête. Inspirez, laissez sortir le son. EEEEE… EEEEE… EEEEE… Continuez doucement : EEEEE… Agréable perception de la présence de l'énergie dans toutes les cellules de la première partie du corps.
Puis vous pouvez essayer de continuer à faire EEEEE, sans que le son soit audible. EEEEE…, en phonème par la pensée. Vous renforcez le positif dans la première partie de votre corps.
Vous arrêtez la stimulation, appréciez l'énergie cellulaire et le bien-être.
Perception profonde de l'énergie dans toutes les cellules de votre corps. E… I… O… OU… A… en son audible. Vous descendez ainsi dans les profondeurs de votre corps… E… I… O… OU… A…, en son inaudible à présent.
Prenez le temps de vivre en profondeur votre corps, et son bien-être qui va perdurer pour les heures et les jours à venir.

Me sentir profondément relié à mes ancêtres

Vous essayez de faire appel à la mémoire cellulaire de toute la force de la matière vivante qui a évolué et se trouve dans vos cellules, à votre part instinctive et intuitive, et à votre essence vivante.

… Mains sur le bas-ventre

Avec vos INSPIRATIONS, laissez monter à votre conscience la présence de l'énergie biologique du bas de votre corps, celle de vos cellules activées… Cette énergie de vie, biologique… cette énergie génétique… À l'EXPIRATION, prenez le temps d'intégrer toute cette puissance de vie dans vos cellules, celle qui provient de vos racines, de vos ancêtres, de tous ceux qui vous

ont précédé depuis des siècles. Vous êtes dépositaire de cette force vitale. Expirations… Bonheur vital…

… Mains sur le ventre

Avec vos INSPIRATIONS, laissez monter à votre conscience la présence de l'énergie cellulaire de votre ventre. Cette énergie qui a été stimulée et qui résulte de toute une merveilleuse évolution du vivant dans votre arbre généalogique… Mémoire cellulaire de la vie en vous… À l'EXPIRATION, prenez le temps de vivre cette dimension de la vie dans vos cellules, celle qui provient de vos racines, de vos ancêtres, de tous ceux qui vous ont précédé depuis des siècles… Vous êtes dépositaire de cette force vitale, qui continuera après vous…

… Mains sur le thorax

Avec vos INSPIRATIONS, laissez monter à présent l'énergie cellulaire stimulée dans votre thorax, et la présence de cette énergie dans votre cœur… À l'EXPIRATION, prenez le temps de vivre cette dimension de la vie dans vos cellules, celle qui provient de vos racines, de vos ancêtres, de tous ceux qui vous ont précédé depuis des siècles… Vous êtes dépositaire de cette force vitale. Expirations… bonheur vital… belle énergie du cœur, qui continuera après vous…

… Mains sur le cou

Avec vos INSPIRATIONS, laissez monter maintenant à votre conscience la présence de votre énergie, laissez monter la présence de cette mémoire cellulaire de tous les êtres humains qui composent votre lignée, en vous… À chaque inspiration, agréable perception de cette énergie, agréable sensation dans la deuxième partie du corps… À l'EXPIRATION, prenez le temps de vivre cette dimension de la vie dans vos cellules, celle qui provient de vos racines, de vos ancêtres, de tous ceux qui vous ont précédé depuis des siècles… Vous êtes dépositaire de cette force vitale, qui continuera après vous…

… Mains sur le front

Avec vos INSPIRATIONS, laissez monter maintenant à votre conscience la présence de l'énergie de votre psyché. Laissez monter la présence de l'énergie depuis les origines de votre arbre… Présence de cette mémoire cellulaire en vous… Agréable perception de votre tête, de l'énergie de votre psyché. À l'EXPIRATION, prenez le temps de vivre cette dimension de la vie dans vos cellules, celle qui provient de vos racines, de vos ancêtres, de tous ceux qui vous ont précédé depuis des siècles. Vous êtes dépositaire de cette force vitale. Intégration… Renforcement du positif… Conscience des origines de notre énergie, de toute cette évolution en nous… Que nous portons en nous, et qui continuera après nous…

… Mains sur le nombril

Avec vos INSPIRATIONS, laissez monter en vous la présence de l'énergie de vos cellules dans tout votre corps. Laissez monter la présence de toute cette mémoire cellulaire de vos ancêtres… Inspirations. Conscience de cette puissance énergétique.
À l'EXPIRATION, prenez le temps de vivre cette dimension de la vie dans vos cellules, celle qui provient de vos racines, de vos ancêtres, de tous ceux qui vous ont précédé depuis des siècles… Vous êtes dépositaire de cette force vitale, qui continuera après vous.

MÉDITATION

Sentez combien vous faites partie de toute une lignée.
Combien vous êtes lié à tout ce qui est vivant avant vous
et après vous. Combien vous êtes vivant dans le vivant de votre arbre
depuis ses origines. Grand bonheur vital…
Méditation sur vos ancêtres qui sont là en vous, qui vous soutiennent…
Accueillez toutes vos sensations et impressions positives.
Laissez venir ce qui vient, sans jugement, sans commentaire…
Revenez à une conscience globale de votre corps au présent.
Respirations tranquilles par le ventre… Votre tête, votre cou, vos épaules,
votre thorax, votre ventre et le bas de votre corps sont détendus…
Activez si vous le souhaitez la confiance en vous,
l'harmonie intérieure et l'espoir.
Trois respirations avant de remettre du mouvement dans votre corps,
progressivement et sans vous hâter…
Gardez le silence quelques minutes…
Et retrouvez Yama à Kamigamo, sanctuaire ancestral, le lieu parfait pour
remonter le temps et se sentir dépositaire de toute une culture vivante.

J'inspire, je sens la force de vie dont je suis dépositaire ;
j'expire, je l'intègre à mon propre développement.

TAIZO-IN
(Pratique 7)

Transposition de mon énergie initiale aujourd'hui : sensations très agréables et relaxantes.

Bouffée de plaisir de vivre, bouffée d'énergie ascendante, joie et humour.

Sons agréables, je me sens grande, corps volumineux, mouvement cellulaire, plaisir de la plongée, plaisir de sortir le son.

Énergie dans le ventre de ma mère, vécue comme une force.

Énergie à mon service. Encore là.

Sensation des mains qui ont poussé. Idem pour les bras.

Image d'échographies.

Grandissement de la colonne, étirement.

Sentiment de dignité, sensation d'être en train de grandir, je suis en gestation.

Je vis ma vieillesse et ma mort, je suis sereine, dans un champ, des enfants jouent, chantent, je vais mourir, je sens la terre. Tout va bien.

Beaucoup d'images et de sensations premières, naissance, mains de la sage-femme, lumière, fesses les premières, sensation au niveau du nombril, images utérines, élans de vie, mouvements, envie de vivre.

Les premières années, sensations dans les jambes d'envie des premiers pas ; dans la bouche, mécanisme de la succion, odeur du lait, motricité.

Je suis dans l'utérus et j'élabore des rêves, j'entends des sons étouffés, voix de ma mère, mon énergie cérébrale en formation, celle de mon cœur aussi.
Voici ce qui m'est venu dans mes contemplations au jardin...
Pas tout de suite...

Reprenons au jour de mon arrivé au temple zen nommé Taizo-in. Préfecture de Kyoto. Un endroit sans touristes.
Je suis reçue un peu avant le déjeuner par un moine charmant qui me fait faire le tour du propriétaire. Tout est absolument divin, le jardin de pierres comme le jardin végétal, le temple lui-même, le repas qui suit. Les mets sont découpés en tout petits morceaux ravissants à l'œil et précis au goût, relevés de pousses acidulées de ginkgo, au dessin délicat, de baies rouges et d'algues petites et noires dans le riz. Il y a là tout le raffinement du zen, dans ce qui se voit et ne se voit pas ; le raffinement des sens, aussi, c'est beau, les couleurs se détachent sur une laque d'un très beau rouge, c'est bon, les goûts sont subtils. On entend le bruit de l'eau qui coule dans un bassin.
Je me sens tellement bien, je pourrais rester là toute ma vie.

Après le déjeuner, méditation zazen.
Une salle de méditation où rien ne vient déranger la vue sur un arbre et ses branches qui vibrent au vent. Sur le sol, des coussins et quelques petits bancs.
Seiza, posture sur les genoux, sur l'un des coussins bruns.
– L'ultime but du zazen est d'atteindre la libération ou l'Éveil, l'illumination. Zazen est une façon de transformer son esprit pour atteindre le calme, voir la vraie nature des choses, en vidant son mental et en unifiant corps, respiration et esprit.
C'est ainsi que le jeune moine introduit la méditation.
Isas, c'est son prénom, est vêtu d'un kimono en lin épais gris, qui fait un peu penser à une tenue de samouraï avec son plastron et ses fermetures. Il se tient très droit et ne sourit que d'une commissure de lèvres. Ses pieds sont nus.
Il montre le bâton de compassion, avec lequel on tape sur les épaules des moines pour les réveiller s'ils s'endorment pendant la méditation.
– Vous n'allez pas me taper ?
– Seulement si vous me le demandez
– Alors vous ne l'utiliserez pas.

Il acquiesce de la tête. On dirait un judoka juste avant un match, concentré, droit, précis, avec le mental très fort et le corps très expérimenté.
– La posture, Choshin, est très importante durant le zazen. Zazen signifie s'asseoir en méditation. Vous ne bougerez pas pendant la méditation.
Je place mes mains avec beaucoup de précision.
– Ce mudra s'appelle Hokkai-join.
Les yeux restent semi-ouverts.
– Détendez vos épaules et redressez un peu votre dos, regard à quarante-cinq degrés.
– Quelqu'un a un jour inventé cette méthode ?
– Dôgen, le fondateur du bouddhisme zen Sôtô, a inventé la méthode de la méditation zazen.
– Un homme méticuleux.

La méditation va commencer.
– Vous placerez votre concentration sur votre expiration, qui doit être plus longue que votre inspiration. Votre respiration va se réguler et cela s'appelle « chosuku », puis après quelques entraînements, votre esprit aussi se régulera : « chosin ».

La posture, le souffle, l'esprit.
Isas s'assoit en face de moi et fait sonner une cloche.
Je remarque la grâce de sa posture et la beauté placide de son visage.
Il doit avoir l'âge de mon fils. Je pose mon regard sur l'arbre en face.
Isas se lève et marche près de moi.
J'entends ses pas feutrés sur le tatami et le son du lin qui frotte.
Impossible pour moi de rester assise en seiza.
Essai d'un demi-lotus. L'ouverture de l'aine est douloureuse une minute plus tard.
Je finis par m'asseoir sur un petit banc, regard à quarante-cinq degrés, expirations plus longues que les inspirations. Mon esprit tourne en boucle : « J'y arriverai pas, c'est trop précis pour moi, il faut trop de discipline... ».

Je remets les mains en mudra. Écoute le vent dans les feuilles de l'arbre. Mon esprit se tait quelques minutes.
Quelques minutes d'éternité...

Je peux entrevoir le bonheur d'un mental vide...
Comme c'est fugace et insaisissable, je persévère...
Plusieurs jours.

Les moines zen sont une belle source d'inspiration.
Le minimalisme des lieux.
Les paravents.
Les peintures à l'encre de Chine.
J'ai l'impression d'être déjà venue ici dans une autre vie, de retrouver un bonheur perdu.

Le lendemain, Isas me propose :
– Vous expirez sur dix temps et si vous êtes perturbée par une pensée, vous reprenez à un...
En trente minutes, une fois je suis parvenue à dix.
Cela dure des jours.
Après chaque zazen, je vais me promener au jardin.
Le temple zen a un jardin minéral dont une partie est à l'ombre et l'autre au soleil, comme dans les sanctuaires shinto. Un jardinier est en train de redessiner les sillons de kaolin de la polarité claire. Au centre des deux parties, un banc de granit sous un grand cerisier déjà magnifique sans être en fleurs.
Quelques rochers se trouvent au milieu de cette mer de cailloux blancs.
On marche le long des deux polarités sur des pas de granit en forme de ronds posés sur la terre.
Je m'assois et médite à ma façon : avec pince et miroir de poche. Ma pince à épiler opère l'extraction de poils visibles ou naissants avec dextérité, entre mes sourcils. C'est un support de méditation, l'épilation intersourcilière ! Mon esprit se concentre sur le poil comme il pourrait se concentrer sur le souffle.
J'écoute la cloche du temple qui tinte. Son puissant et profond qui dure longtemps et invite ceux qui méditent à se plonger dans le moment présent.
Le cinquième jour, remontent à ma conscience des souvenirs très lointains...
Mes premières années...
Je bats des mains.
Mes jambes... je marche à quatre pattes.
Envie des premiers pas... allez, je me lance.

Mécanisme de la succion, je bois un biberon le matin.
Odeur du lait chaud.
Motricité.
Ma première bougie.

Les jours et les pratiques zazen guidées par Isas s'égrènent.
La traque du poil est finie, la peau entre mes sourcils est toute lisse, les sourcils eux-mêmes d'un dessin parfait. Je me sens bien dans ma peau.

L'émergence de souvenirs se transforme en une contemplation méditative de ma propre vie utérine...

La cloche du monastère zen. Le son grave du maillet sur le bonsho.
Un joli bassin de pierre rond, dont le centre carré est ouvert et rempli d'eau. À ses quatre points cardinaux, des idéogrammes chinois qui invitent au contentement.
Je touche la pierre du tsukubai.
Rituel de purification avec la petite louche en bois : je me lave la bouche et la main.
Le tsukubai, un bassin sur lequel on se penche.
Je me contemple aux origines de ma vie.
Je suis dans l'utérus et j'élabore des rêves, j'entends des sons étouffés, voix de ma mère, mon énergie cérébrale en formation, celle de mon cœur aussi.

Le bonsho. Son pénétrant.
Le jardin végétal d'une beauté somptueuse.
Sur un banc face à un petit étang.
Rocailles, érables magnifiques, fleurs de lotus, carpes blanches et rouges.
Je m'assois.
Grandissement de la colonne, étirement.
C'est une sensation dans le présent et dans le passé :
Sentiment de dignité, sensation de grandir, je suis en gestation.
Énergie dans le ventre de ma mère, vécue comme une force.
Énergie des origines de mon être, à mon service. Encore là.
Sensation des mains qui poussent.

À côté de Taizo-In.

Un charmant pont de bois relie le bord d'un étang à une petite île, entourée de nénuphars en fleurs.
Canards mandarins, blancs, qui glissent sur eau très verte.
Calme et silence. Je marche après zazen.
Beaucoup d'images et de sensations premières.
Naissance, mains de la sage-femme, lumière, fesses les premières.
J'ai une sensation au niveau du nombril.
Élans de vie, mouvements, envie de vivre ; hier et aujourd'hui.

Un petit pavillon, peu avant un autre pont qui ressemble à un dragon couché, avec un banc sous le toit en écorce de cyprès.
Je vis ma vieillesse et ma mort.
Je suis sereine ; dans un champ, des enfants jouent, chantent, je vais mourir, je sens la terre.
Tout va bien.

Au jardin minéral.
J'observe le jardinier qui s'occupe de chaque sillon de la polarité sombre.
On se fait un petit signe respectueux pour se dire bonjour.
L'arbre devant lequel je suis assise sent bon.
Le vent fait bouger les branches.
Sur mon visage, ombre et lumière à cause du soleil qui passe entre les feuilles.
La nature est une source de respiration.
Je reprends avec la précision d'un jardinier zen la taille de mes sourcils.

Un des sens de ce voyage s'éclaire :
Je suis venue ressentir l'énergie vitale depuis les origines, depuis le radical, comme en latin : tel mot provient d'un radical…
Présence de la vie originelle en moi. Tellement de sentiments positifs !
Je fais phénomène avec l'élan de la vie, un élan qui ne s'arrête pas, qui est entraîné par une force originelle qui elle-même ne s'arrête pas.
La contemplation de cette force donne du sens et de la valeur à ma vie.
Elle me donne le courage d'oser ma vie, de faire des choix qui me sortent de mon confort de vie, de ne pas avoir peur ni de l'avenir… ni de la mort.

PRATIQUE 7

SENTIR TOUTES LES POTENTIALITÉS DE VOTRE ÊTRE ET CET ÉLAN DE VIE EN VOUS DEPUIS VOS ORIGINES. TREMPLIN POUR LE FUTUR, POSITIF POUR VOTRE PRÉSENT.

Se sentir dépositaire de toute cette force vitale… Quelle vitalité ! Continuons, comme Yama, à remonter le fil des ans… Votre énergie vitale, celle qui stimule le développement de la vie, était déjà là au stade embryonnaire, lorsque vos cellules cérébrales ou cardiaques, par exemple, étaient en pleine structuration à quelques semaines ou mois in utero… Votre corps a la mémoire – on parle de la mémoire cellulaire ! – de cette énergie très forte, celle de votre gestation puis de votre enfance.

Dans cette pratique, nous allons revenir à cette énergie de vie originelle toujours en vous, nous allons la raviver à votre conscience, afin que vous puissiez l'utiliser dans des projets du présent et du futur… Oui, vous allez pouvoir utiliser cette énergie phénoménale des origines pour vivre votre vie d'aujourd'hui et celle de demain. Vous allez voir comme il est bon de sentir que nous sommes des êtres en développement, avec d'énormes capacités d'évolution et de changement, comme lorsque nous étions enfants et que

nous pouvions tout explorer, tout découvrir... Sentir tous ces possibles pourra vous soutenir et vous aider à vous accomplir, parfois grâce à un changement important, parfois par de menues modifications de votre être et de vos habitudes... Peut-être en ce sens avez-vous envie de savoir quels changements vont s'opérer dans la vie de Yama ?
Si vous êtes en recherche d'accomplissement, en phase de changement, attardez-vous particulièrement sur ce septième pas de votre (dé) marche.
Dans cette pratique, nous partons de la contemplation d'un objet naturel, comme dans les méditations zazen à Taizo In. Ici, la contemplation de cet objet naturel, c'est vous ! In utero, lors de votre naissance, tout petit après votre naissance, puis en pleine croissance... C'est une contemplation très puissante car elle vous relie, Yama et vous, à vos origines, de façon positive quelle que soit votre histoire.
Ensuite, vous allez réchauffer cette mémoire vive et positive, présente dans vos cellules, pour pouvoir vous projeter avec... et vivre ce que vous avez envie de vivre dans le présent et le futur. La mémoire positive stimule des projections positives qui elles-mêmes stimulent un présent positif. Un cercle zen passé, futur, présent. En dépit des blessures de l'enfance, il est toujours possible de revenir à cette mémoire positive de vie de vos premières cellules, et cela fait un bien fou !

PRATIQUE

Détente de tout votre corps

Vous détendez votre front, vos yeux, vos joues, votre mâchoire, votre menton. Vous prenez conscience de la forme de votre visage en train de se détendre... de votre tête en train de se relâcher. Vous détendez votre cou, votre nuque, vos épaules, bras, mains, doigts... Conscience de la forme de cette deuxième partie de votre corps en train de se détendre... Vous relâchez votre thorax, l'intérieur de vos bras, de vos mains et la pulpe de vos doigts... Conscience de la forme du thorax qui se détend. Vous décontractez le ventre, la taille, l'abdomen, le dos. Conscience de votre ventre qui respire et se relâche. Détendez votre bassin, relâchez les hanches, les muscles des cuisses, les articulations des genoux, les mollets, chevilles, pieds et orteils. Conscience de la forme du bas de votre corps, de l'os du bassin à la pulpe des orteils, qui se détend... Conscience de tout votre corps que vous installez dans votre pratique.

Respiration d'évacuation des tensions

Vous allez maintenant utiliser la respiration pour bien vous oxygéner et évacuer toutes vos tensions efficacement.
Posez les mains sur votre ventre…
Vous soufflez… Vous inspirez par le nez, retenez l'air, tension douce de tout votre corps dans la posture, expiration par la bouche. Vous évacuez toutes vos tensions.
Vous soufflez… Vous inspirez par le nez, rétention, conscience des tensions et crispations qui vous habitent, expulsion de l'air par la bouche et évacuation de tout le négatif.
Vous soufflez… Inspiration, rétention… expulsion de l'air et des tensions…
Posez les mains sur les cuisses. Récupération et grande détente.

Activation de l'énergie dans toutes les cellules du corps

Posez les mains sur votre corps instrument, en commençant par le bas du corps. Les mains entre le pubis et le nombril, vous allez stimuler la présence de l'énergie dans les cellules du bas de votre corps. Vous allez utiliser le son voyelle AAAAA… Vous soufflez, inspirez et, en soufflant, laissez sortir le son AAAAA… AAAAA… AAAAA…, et continuez : AAAAA…, le temps de faire vibrer votre bas-ventre. Vous stimulez la présence de l'énergie dans toutes les cellules de la cinquième partie de votre corps, par la force de votre voix et du phonème AAAAA… Puis vous continuez de faire AAAAA dans votre tête, sans que le son soit audible. AAAAA en phonème par la pensée. Prenez le temps d'expérimenter ce son intériorisé de la voyelle A, il offre une nouvelle expérience de percussion des cellules. Vous renforcez le positif dans le bas de votre corps.
Remontez vos mains au centre de votre ventre. Vous allez stimuler l'énergie de toutes ses cellules avec le son OUUUUU.
Vous soufflez, inspirez, puis en expirant : OUUUUU… OUUUUU… Continuez : OUUUUU… OUUUUU… Vibration du son OUUUUU… dans tout l'abdomen. Le son résonne dans le ventre. Vous stimulez la présence de l'énergie dans toutes les cellules de votre ventre.
Puis vous continuez de faire OUUUUU, sans que le son soit audible… OUUUUU en phonème par la pensée. Prenez le temps d'expérimenter ce son OUUUUU intériorisé, il offre une nouvelle expérience de percussion des cellules. Vous renforcez le positif de votre ventre.

Je vous propose maintenant de poser vos mains au centre de votre thorax, sur le sternum.

Vous allez stimuler la présence de l'énergie dans toutes les cellules du thorax par le son OOOOO...
Vous commencez ?
Vous soufflez, inspirez, retenez un peu l'air... et laissez maintenant sortir le son OOOOO... OOOOO... Et continuez : OOOOO..., le temps de stimuler l'énergie dans toutes les cellules de votre thorax. Continuez... OOOOO...
Puis vous continuez de faire OOOOO sans que le son soit audible : OOOOO en phonème par la pensée. Prenez le temps d'expérimenter ce son intériorisé de la voyelle O, il offre une nouvelle expérience de percussion des cellules. Vous renforcez le positif dans votre thorax.
Mettez ensuite vos mains sur le devant de votre cou. Vous allez stimuler la présence de l'énergie dans toutes les cellules du cou, des épaules, des bras, mains et doigts.
Inspirez... Laissez la vibration IIIII... IIIII... résonner doucement, depuis l'intérieur jusqu'aux cellules de la peau. Doucement, continuez : IIIII... IIIII... Le son glisse dans les épaules, l'extérieur des bras...
Présence agréable du son dans la gorge, le cou, les épaules... Présence du son qui réveille la présence de l'énergie dans toutes les cellules de la deuxième partie du corps.
Puis vous continuez de faire IIIII, sans que le son soit audible : IIIII en phonème par la pensée. Prenez le temps d'expérimenter ce son intériorisé de la voyelle i, il offre une nouvelle expérience de percussion des cellules. Vous renforcez le positif dans la deuxième partie de votre corps.

Mettez maintenant vos mains ou votre attention au milieu du front, en relâchant bien les épaules. Vous allez laisser sortir le son EEEEE... en respectant la puissance dont vous avez besoin, pour avoir une sensation de confort dans le crâne.
Stimulation douce de l'énergie dans toutes les cellules de la tête. Inspirez... laissez sortir le son... EEEEE... EEEEE... EEEEE... Continuez doucement : EEEEE... Agréable perception de la présence de l'énergie dans toutes les cellules de cette première partie du corps.
Puis vous continuez de faire EEEEE, sans que le son soit audible : EEEEE en phonème par la pensée. Prenez le temps d'expérimenter ce son intériorisé de la voyelle E, il offre une nouvelle expérience de percussion des cellules. Vous renforcez le positif dans la première partie de votre corps.
Perception profonde de l'énergie dans toutes les cellules de votre corps, vous descendez ainsi dans ses profondeurs. E... I... O... OU... A... en son audible. E... I... O... OU... A... en son inaudible... Prenez le temps de vivre en

profondeur votre corps, vos cellules qui se régénèrent, se transforment, bougent sans cesse.

M'imaginer à différents moments de ma croissance utérine et extra-utérine et utiliser cette énergie pour mon présent et mon futur…

Vous allez essayer de contempler – nous emploierons le terme imaginer – cette énergie à l'œuvre avant que vous naissiez, lors de votre gestation, et quand vous grandissiez, petit…

… Mains sur le point hara des Orientaux, sous le nombril

Vous allez faire appel à cette énergie biologique qui était là dès votre conception. Pour cela, imaginez la cellule créatrice. Imaginez un groupe de cellules, pleines d'énergie, qui s'implantent dans l'utérus. Imaginez la force de développement mise en œuvre pour que ces cellules originelles créent des organes et des tissus. Laissez venir les sensations, les impressions, les images… sans forcer… Cela peut être déjà une évocation de la cellule germinale, de votre vie in utero, de la présence de cette énergie qui existait dans votre vie embryonnaire, pendant la gestation… car toutes vos cellules s'activaient.

Au moment d'INSPIRER l'air, maintenant, sentiment profond de la présence du bas du corps. À l'EXPIRATION, c'est comme si vous pouviez apporter toute l'énergie de cette époque dans votre bassin, dans vos jambes et vos pieds pour renforcer l'énergie et l'élan d'aujourd'hui. Vos élans, votre allant, votre force motrice se nourrissent de cette énergie, à chaque respiration. Cette force de vie EMBRYONNAIRE est toujours présente en vous, disponible. Vous êtes un être en développement, avec toutes les potentialités que vous voulez, avec un énorme potentiel de vie. Cette force de vie est disponible, laissez-vous aller dans le futur à présent. Disponible, peut-être, pour créer un projet – qui n'a pas besoin d'être extraordinaire –, ou pour partager du bonheur avec les êtres aimés – laissez venir –, ou pour vous mettre en route vers quelque chose de nouveau, à concevoir, en conception… en gestation, peut-être. Laissez venir ce qui vient, sans forcer. Vous ouvrez la conscience au champ des possibles, sans rien imposer…

… Mains sur le plexus au niveau du thorax

Vous allez faire appel à cette énergie qui était là, dans votre vie utérine, depuis le quatrième mois et jusqu'à votre naissance.

Pour cela, imaginez votre vie quand vous étiez fœtus. Imaginez la force de développement mise en œuvre à partir du QUATRIÈME MOIS DE GESTATION… Laissez venir les sensations, les impressions, les images… sans forcer. Laissez venir maintenant le moment de votre naissance. Cette prodigieuse force de vie, présente dans ce moment très important de votre première projection au monde. Votre force de vie dans le tout début de votre vie extra-utérine… La puissance de vie de tout votre corps, aussi petit fût-il et quelles qu'aient été les modalités de votre naissance, puisque vous êtes là, aujourd'hui. Contemplez la puissance de votre élan vital, laissez venir les sensations, les impressions, les images, comme ça vient, comme c'est, sans juger…
Au moment d'INSPIRER l'air à présent, sentiment profond de l'ouverture de votre thorax. À l'EXPIRATION, c'est comme si vous pouviez apporter toute l'énergie de cette époque dans votre thorax pour vous donner confiance. Vos élans, votre respiration, votre cœur se nourrissent de cette énergie, à chaque respiration. Cette force de vie fœtale est toujours présente en vous, cette force de vie présente à votre naissance est toujours disponible… Vous êtes un être en développement, jusqu'à votre mort – et peut-être après, selon vos croyances –, avec, dans cette vie, toutes les potentialités de votre être ; avec un énorme potentiel de vie. Cette force de vie est disponible. À présent, laissez-vous aller dans le futur, disponible peut-être pour créer un projet – qui n'a pas besoin d'être extraordinaire –, ou pour partager du bonheur avec les êtres aimés – laissez venir –, ou pour vous mettre en route vers quelque chose de nouveau, peut-être même une nouvelle naissance, une nouvelle projection au monde. Laissez venir ce qui vient, sans forcer. Vous ouvrez la conscience au champ des possibles, sans rien imposer.

… Mains ou attention posées sur le front

Vous allez faire appel à cette énergie qui était là dans les premières années de votre vie.
Pour cela, laissez venir à la conscience différents contenus positifs de votre croissance EXTRA-UTÉRINE… Imaginez la force de développement mise en œuvre dès votre naissance. Laissez venir les sensations, les impressions, les images, sans forcer… Laissez venir maintenant cette prodigieuse force de vie présente dans tous vos apprentissages. Votre force de vie de bébé et de petit enfant. La puissance de vie présente dans tout votre corps, dans votre esprit. Contemplez la puissance de vos élans d'enfant, dans vos premiers pas, vos premiers mots, vos explorations… vos

jeux… vos élans d'amour… Laissez venir les sensations, les impressions, les images, comme ça vient, comme c'est… Sans juger.

Au moment d'INSPIRER l'air à présent, sentiment profond de bien-être dans la tête. À l'EXPIRATION, c'est comme si vous pouviez apporter toute l'énergie de cette époque dans votre tête pour vous nourrir de positif. Vos organes, vos cellules, vos pensées se nourrissent de cette énergie, à chaque respiration. Cette force de vie de vos débuts est toujours présente en vous, cette force de vie présente dans les premières années de l'enfance est toujours disponible. Vous êtes un être en développement, jusqu'à votre mort – et peut-être après, selon vos croyances –, avec, dans cette vie, toutes les potentialités de votre être, avec un énorme potentiel de vie. Cette force de vie est disponible. Laissez-vous aller maintenant dans le futur… La force de vie est disponible peut-être pour créer un projet, pas forcément extraordinaire, ou pour partager du bonheur avec les êtres aimés – laissez venir – ou pour faire vos premiers pas vers quelque chose de nouveau, peut-être une nouvelle exploration… un nouvel élan. Laissez venir ce qui vient, sans forcer… Vous ouvrez la conscience au champ des possibles, sans rien imposer…

MÉDITATION

Revenez à une conscience globale de votre corps au présent.
Respirez tranquillement par le ventre… La tête, le cou, les épaules, le thorax, le ventre et le bas du corps sont détendus…
Laissez venir sensations, impressions et émotions, ici et maintenant, sans juger, sans commenter.
Méditations sur vos premiers pas d'aujourd'hui, sur toutes vos potentialités d'être, sur vos possibles… sur votre énergie…
Confiance, harmonie, optimisme.
Trois respirations, qui se poursuivent avec le souffle des respirations zen à Taizo-in.
Les contemplations de Yama en miroir aux vôtres…

J'inspire, je contemple toute l'énergie présente en moi depuis mes origines ; j'expire, je prends confiance en mes capacités de développement.

FUSHIMI INARI TAISHA

(Pratique 8)

Je n'ai oublié ni la force de l'énergie qui a parcouru mon corps, ni les sensations très fortes qu'elle a provoquées dans la paume de mes mains lors de mon ascension depuis Kibune.

Serais-je canal d'énergie ? C'est tellement loin de la finance et de mes tableaux Excel que je me souris à moi-même de me poser cette question !

Il y a quelques années, alors que mon corps était douloureux, je suis allée voir un praticien de reiki. Je me suis allongée sur une table de massage, il a posé ses mains sur différentes parties de mon corps. Je ne sais ni pourquoi ni comment, j'ai puissamment ressenti une énergie circuler partout dans mon corps, un peu comme je le ressens ici, au Japon. Ses mains étaient chaudes. On aurait dit qu'un flux passait par là. Le Reiki est d'origine japonaise, je crois même que son fondateur a eu comme une révélation, dans les hauteurs de Kibune.

J'en suis à ces questions lorsque j'arrive au mont Inari. Un peu comme les moines zen qui contemplent le monde du haut d'un promontoire, je vais prendre de la hauteur. Enfin, modestement ! Je n'aurai pas réussi plus d'une dizaine de fois à compter jusqu'à dix sans penser à quelque

chose. Il m'aurait encore fallu des années d'entraînement zazen avec Isas pour dompter mon mental galopant !
Je suis accompagnée, et c'est la première fois que je le suis durant ce voyage, par Léone, une femme qui visite le Japon avec un groupe. Elle a la quarantaine énergique et je l'ai rencontrée dans le jardin du ryokan, à côté de la gare de Fushimi-ku, à Kyoto.
Je n'aurais pas pu faire ce voyage en groupe. Avoir des visites et des horaires imposés, très peu pour moi ! La sécurité du départ me semblerait vite une entrave à ma solitude et à ma liberté. Seule, je vais où je veux, comme je veux... Mon trajet n'est sans doute pas le plus logique pour une agence de voyages. C'est le mien, celui de mon initiation personnelle au Japon.
Ce que je vais raconter, je ne peux certifier que c'est vrai.
Peut-être est-ce une sorte de vision, une forme de rêve éveillé créé par ma conscience, le soir où je suis montée au sommet.
Fushimi Inari Taisha est une image d'Épinal du Japon : une série de portiques rouges très rapprochés sous lesquels des millions de touristes passent chaque jour.
Le soir, le sanctuaire récupère sa magie et sa solitude.
Je passe sous des milliers de torii vermillon.
Au sommet de la colline, devant le petit sanctuaire d'Inari, la déesse protectrice du riz, il y a un renard.
Le renard est le messager d'Inari, on en trouve en pierre à l'entrée du sanctuaire ; certains avec une clé dans la gueule, car ils sont les gardiens des greniers à céréales.
Le kitsune, comme on l'appelle au Japon, est blanc. Son regard est doux et protecteur. C'est ma deuxième rencontre magique avec un animal dans un sanctuaire shinto. La première, c'était avec un daim.
Car pour moi, il est réel.
Le kitsune, comme un chat, se frotte à mon pantalon de randonneuse et se pose sur mes chaussures de marche.
Ce renard vient-il d'une croyance ? Est-il une réincarnation ? Est-il le kitsune qui apporte la bonne fortune ? Est-il la partie féminine d'Inari ?
Je caresse doucement son poil blanc, il s'est mis en boule à mes pieds !
Je l'entends me dire : « Au centre de ton être tu as tes réponses, tu sais ce que tu veux, tu sais qui tu es et qui tu choisis de devenir ».
– Tu as vu le renard ?, dis-je à Léone qui m'a rejointe.
Elle grimpe moins vite que moi.
– Un renard ? Elle reprend son souffle. Oui, en bas, les statues...

奉 献

Nous avons pris en photo des statues, en hauteur, qui accueillent les visiteurs et gardent l'entrée. Un renard tient dans sa gueule une clé. Léone n'a pas voulu s'incliner devant le kami du renard, elle se méfie de l'animal et de sa réputation de filou.
– C'est quand même l'animal qui se faufile dans les poulaillers la nuit et repart incognito avec son butin...
Je n'étais pas d'accord avec elle. Pour annoncer ma venue au renard, j'ai secoué la grosse corde tressée faite de torsades de paille de riz, la shimenje, en haut de laquelle est attaché un énorme grelot doré, un suzu. Durant ce voyage, le visible et l'invisible m'accompagnent.
De nombreux Japonais viennent eux aussi s'incliner devant le renard pour qu'il protège leur commerce, leur entreprise, leur maison, leur récolte, leur fortune.

– Est-ce que tu aurais aperçu un vrai renard blanc, en arrivant ?
– Non, tu en as vu un ?
– Oui, il me semble... Mais c'était peut-être une illusion d'optique dans la nuit.
– Le renard, c'est ton animal totem ?
– Je ne sais pas, je n'y connais rien en animal totem. Qu'est-ce que c'est ?
– Une sorte de guide spirituel.
Et Léone de m'expliquer que le sien est le loup, et que chaque animal totem a sa propre sagesse.
– Et quelle est celle du renard ?
Elle ne sait pas. Après tout, je n'ai pas envie de tout connaître, c'est bien qu'encore aujourd'hui persiste le mystère de ce renard blanc.
Je me fais confiance, je saurai quand le moment sera venu, si mes mains parlent...
Je décide de ne pas faire appel à ma raison. Juste de laisser venir. Et je m'étonne moi-même de ne pas vouloir savoir...
Peut-être, déjà, qu'il suffit de respirer en conscience, vivre le présent en conscience ?
Oui, je me fais confiance. Je n'aurais pu dire cela des années auparavant.

Le soir, au restaurant barbecue, je retrouve Meriem qui fait du reiki en banlieue parisienne, Hamid, un Breton qui construit des tiny houses, Catherine, une retraitée dynamique qui a envie de profiter du monde, Claudie, une notaire fascinée par la culture et l'art japonais. Et Léone qui fait des massages shiatsu à Rouen. Nous commandons, via une plaquette digitale, de la viande, des légumes, de la bière et du vin. Lorsque la viande arrive, tous la plongent dans le bouillon chaud du barbecue, avec les légumes, et sitôt qu'elle est cuite la mangent de bon appétit. Au fil des rires et des gorgées de bière, nous mangeons plusieurs plateaux de viande et de légumes délicieusement revenus dans la sauce aromatisée du barbecue. J'aime l'amertume de la bière et les rires de la tablée. Tout est chaleureux.

J'écoute Claudie parler avec amour des dorayaki, ces gâteaux fourrés aux haricots rouges, elle en explique la recette suite à un cours pris le jour même avec un chef japonais. Nous commandons du saké pour finir ce repas gargantuesque. Arrivent autant de bouteilles que de clients.

– Mais on n'avait pas commandé des verres de saké ?

Catherine se met à rire à gorge déployée et tout le monde la suit.

La conversation devient de plus en plus décousue, à mesure que se vident les petits verres qui font descendre le niveau de chaque bouteille, et les voix gagnent en décibels.

– Et c'est quoi, exactement, le shiatsu ?

Léone me répond, me parle d'une méditation à deux, donneur et receveur, d'élément bois et de vaisseaux curieux ou merveilleux, je crois... Je n'y comprends rien.

– Il y a douze points majeurs...

Je fixe du mieux que je peux ses lèvres qui bougent. Comme j'aime la poésie, lorsqu'elle évoque les points « fenêtres du ciel », qui ouvrent la communication entre la tête et le reste du corps, je fais un énorme effort pour l'écouter dans le brouhaha. Ma conscience est bien embrumée.

– C'est une communion avec plus grand que soi. C'est une thérapie quasi spirituelle...

Je ne parviens plus à la suivre... Trop de bruit et trop de saké.

– On touche le corps et c'est une connexion avec l'Esprit, une connexion spirituelle...

Quand je rentre au ryokan, je me jette sur mon futon. J'entends les rires et les murmures des voix dans les couloirs. Certains vont continuer de festoyer dans le jardin.

La vie m'offrait la réponse à mes questions avant même que j'en aie conscience !

PRATIQUE 8

ÉCOUTER VOTRE PETITE VOIX INTÉRIEURE ET SUIVRE VOTRE BOUSSOLE.

Vous avez lu les sentiments et ressentis de Yama. Et vous, comment vous sentez-vous ? Prenez le temps de faire une pause et de ressentir *l'essentiel de votre être*. Comment vous sentez-vous dans votre corps ? Observez, comme en contemplation de vous-même, vos sensations, sans les juger ni les commenter. Observez les impressions, sans a priori…
Nous allons, dans cet infini que forme le chiffre 8, continuer à voyager dans votre être. Lors de cette étape, vous pouvez déjà savourer le passage de votre torii : à l'instar de Yama qui a découvert en elle-même celui de la montagne, vous êtes dans votre sanctuaire intérieur.
Dans le zen japonais, que vous venez de découvrir à Taizo-in, les maîtres suggèrent à leurs disciples des koan, des petites phrases qui semblent être des paradoxes et sont sujettes à méditation pour les moines. Ici, nous allons transformer le koan en question intérieure.
Vous pourrez, après vous être relié à votre unité corps-cœur-esprit, vous poser une question qui vous est chère, peut-être une question existentielle ? Une question essentielle ? Il s'agit de laisser des formes de réponses émerger de vos profondeurs biologiques et de votre alignement.
Comment faire ?
Vous allez descendre, tandis que Yama va monter au sommet de la colline

d'Inari, au plus profond de votre essence, de votre corps, de votre conscience et de votre énergie vitale… au cœur de votre sanctuaire intérieur. C'est aussi ce qu'il va arriver à Yama rencontrant son *kitsune*…
Nouveauté dans les sons : vous expérimentez, pendant les quatre prochaines pratiques, de nouveaux phonèmes étudiés en sophrologie, pour activer tout le potentiel de vie de vos cellules et réveiller votre cerveau, habitué maintenant aux voyelles. Les nouveaux sons (E… OU… MO… TRI… A…) poursuivent votre stimulation biologique. Le développement spirituel de ce chemin sophrologique passe par l'harmonisation énergétique.
Par cette pratique, vous allez renforcer spécifiquement votre confiance en vous afin d'écouter votre petite voix intérieure, votre boussole. Comme Yama, vous avez souvent déjà les réponses à vos questions, il suffit que vous preniez le temps, vraiment, de vous écouter comme elle écoutera son animal totem, le *kitsune*…

PRATIQUE

Nouvelle posture

Debout, si vous le pouvez. Ou le dos droit, si vous devez rester assis.
Conscience de votre corps en train de se révéler à votre conscience… et de se détendre…

Détente

Vous levez les bras vers le ciel. Inspiration, rétention, conscience de votre corps dans sa verticalité, expulsion douce de l'air dans la posture avec les bras qui descendent…
Une deuxième fois. Vous levez les bras, mains ouvertes vers le ciel. Inspiration… rétention… Conscience de votre verticalité, conscience de votre corps, de la vie dans tous les tissus de votre corps, expulsion douce de l'air et des tensions, vos bras redescendent.
Vous levez les bras en ouverture vers le ciel, inspiration… rétention… Conscience de votre corps, de la vie dans tous les organes, les muscles, les os, les tissus, les cellules de votre corps… et expulsion douce de l'air et des tensions, avec les bras qui redescendent.
Vous pouvez ensuite vous asseoir, mains sur le ventre.
Vous vous laissez aller au rythme doux de votre respiration abdominale.
Prenez votre temps… Conscience de votre détente…

Confiance en votre énergie et en vos capacités
... Les mains sur le front

Vous allez commencer par stimuler l'énergie de votre tête avec les sons E... OU... MO... TRI... A..., qui percutent toutes les cellules et réveillent leur énergie.
Votre tête est le lieu de toutes vos capacités cérébrales, mentales, intellectuelles. C'est le lieu de l'énergie de votre psyché.
Inspiration, rétention, expulsion de l'air avec les phonèmes E... OU... MO... TRI... A... Plusieurs fois : E... OU... MO... TRI... A...
Vous activez par le son la présence de la vie à l'intérieur de toutes les bonnes cellules de votre tête.
Une deuxième fois, inspiration, rétention, expulsion de l'air avec le son audible E... OU... MO... TRI... A...
Une troisième fois, inspiration, rétention, expulsion de l'air : E... OU... MO... TRI... A...
Vous stimulez la présence de la vie dans les cellules de votre cerveau.
Sentez l'énergie de votre psyché, l'énergie de votre esprit, l'énergie de votre cerveau, celle de vos organes des sens...
Pause. Bien-être. Énergie. Confiance.

... Les mains sur le sternum, à présent

Vous allez stimuler l'énergie de votre thorax avec les sons E... OU... MO... TRI... A..., qui percutent toutes vos cellules et réveillent leur énergie.
Le thorax, c'est l'espace du cœur, de la respiration. C'est le lieu des capacités d'empathie, d'amour, d'affection, de confiance.
Pause... Bien-être... énergie... Confiance...
Inspiration, rétention, expulsion de l'air avec les phonèmes E... OU... MO... TRI... A...
Vous stimulez la présence de vie de toutes les cellules de votre thorax.
Une deuxième fois à votre rythme : inspiration, rétention, expulsion de l'air avec les sons audibles E... OU... MO... TRI... A...
Une troisième fois, inspiration... rétention... expulsion de l'air : E... OU... MO... TRI... A...
Vous activez la présence de la vie, agréable stimulation.
Sentez l'énergie de votre cœur... l'énergie de votre souffle... l'énergie de votre intuition... l'énergie de toutes vos capacités émotionnelles.

... Les mains sur le bas-ventre

Vous allez à présent stimuler l'énergie de la cinquième partie de votre corps avec les phonèmes E... OU... MO... TRI... A... qui percutent toutes les cellules et réveillent leur énergie.
Le bas du corps, c'est le lieu de l'énergie sexuelle et créatrice, de l'énergie motrice, des capacités dynamiques, d'ancrage.
Inspiration, rétention, expulsion de l'air dans le son E... OU... MO... TRI... A... E... OU... MO... TRI... A...
Vous activez la présence de la vie dans les cellules de votre bassin, de vos jambes et pieds.
Une deuxième fois, inspiration, rétention, expulsion de l'air avec les sons audibles E... OU... MO... TRI... A... E... OU... MO... TRI... A...
Une troisième fois, inspiration, rétention, expulsion de l'air : E... OU... MO... TRI... A...
Vous stimulez la présence de la vie dans le bas de votre corps.
Sentez stimulée votre énergie génétique, sexuelle, créatrice. Sentez votre énergie motrice, celle de vos capacités dynamiques. Sentez vos capacités de stabilité et d'ancrage.
Détente. Bien-être. Énergie. Confiance.

Écoute de votre voix intérieure

Cette technique vous permet de vivre de façon non intellectuelle une étape de votre vie, soit en vous posant une question qui vous taraude, soit en laissant infuser, dans votre corps, un mot qui fait sens aujourd'hui pour vous.
Maintenant que votre confiance en vos facultés de l'esprit, du cœur et du corps est bien réveillée, vous pouvez vous faire confiance et écouter votre petite voix intérieure.

MÉDITATION

Bien connecté maintenant à votre énergie, celle de votre esprit, de votre intuition et de votre créativité, écoutez votre petite voix intérieure.
Vous pouvez lui soumettre une question, peut-être une de celles que vous vous posez actuellement.
Peut-être une de celles qui vous demandent de faire un choix.
Ou, simplement, vivre sa présence…
Respirez profondément en silence, quelques minutes.
Faites-vous confiance. Laissez votre petite voix intérieure vous guider.
Vous pouvez aussi synchroniser votre respiration avec un mot important pour vous.
INSPIRATION. À chaque EXPIRATION, vous dites ce mot ou formulez une question, en votre for intérieur.
Sans chercher de réponse rationnelle, vous laissez vivre en vous le mot ou la question.
Vous laissez vivre votre intuition, vous laissez votre voix intérieure vous guider.
Vous êtes dans votre monde intérieur, pour une dizaine de minutes.
Prolongez votre réflexion intuitive, découvrez la réponse du *kitsune* à Yama…

J'inspire, je me fais confiance ;
j'expire, j'écoute ma petite voix intérieure.

MEOTO IWA (Pratique 9)

As-tu vécu des étapes difficiles pour devenir moine ? ai-je demandé à Yukai quand j'étais encore à Koyasan.

Yukai, très beau dans son kolomo, l'habit couleur vieil or qu'il porte parce qu'il a dirigé le Goma, me raconte Kokouzo Goumonji.

– Pendant cinquante jours, nous entrons en ascèse et nous prions Vénus, l'étoile de l'aube, comme l'a fait Kukai, le fondateur de Shingon. Nous sommes dans la montagne et nous levons à 3 heures, nous purifions avec dix-huit seaux d'eau glacée sur notre corps nu et, vingt mille fois par jour, nous répétons la même prière. Avec un seul repas par jour.

Ça aurait plu à mon père. Il aimait les chemins de vie ardus et valorisait le fait d'avoir beaucoup de courage. À tel point que je me suis toujours sentie indolente à ses yeux.

– Les épreuves d'endurance font partie du travail spirituel.

– Il y en a beaucoup ?

– Oui, beaucoup, comme marcher sur des braises...

– Ah bon ?

– Oui, ou se mettre sous une puissante cascade d'eau à cinq degrés.

– C'est une voie exigeante !

– Et longue, ajoute Yukai, on doit beaucoup étudier...

– Et tu n'as pas eu trop faim ?

– J'ai eu très faim la première semaine, j'ai perdu dix kilos.

– Je ne serai jamais capable de devenir moine à Koyasan !, ai-je conclu.
Aujourd'hui, peut-être aussi parce que le regard de mon père n'est plus là, je me sens libre d'être telle que je suis. Je revendiquerai même une forme d'épicurisme et un penchant affirmé pour la simplicité.
Et un goût, aussi, pour l'inattendu, que je n'aurais jamais pu partager avec mon père, le roi des trajets planifiés et des *to-do-lists*...
Depuis le début de ce voyage, je vais où je le sens et je pars quand je veux. Mon père m'aurait dit que ce n'est pas cela, la vraie liberté. Certes, mais ça fait tellement de bien quand c'est possible !
La première fois que je suis allée à Kyoto, c'était quinze jours avant de séjourner dans le quartier des geiko, j'ai détesté. Des policiers en tenue de San Kookaï verte sifflaient des hordes de touristes désordonnées. Je n'ai vu que des rues tristes remplies de boutiques de souvenirs, des maisons de geishas noires et fermées sur l'extérieur, des Chinoises ou des Coréennes costumées en habit traditionnel japonais se faisant photographier par des Américains libidineux et hilares... « Je retourne dans la montagne », ai-je pensé, et j'y suis retournée illico presto !

Aujourd'hui, peut-être aussi parce que je suis au Japon, je me sens beaucoup plus apte à profiter du présent.
Je laisse faire. Je laisse la vie m'emmener où c'est bon pour moi, sans y mettre trop de volonté. C'est très nouveau pour moi. Je me sens libre d'intervenir ou de ne pas intervenir, de mettre à contribution ma volonté, ou non...
Et c'est sans doute grâce à ce vent de liberté que je me retrouve face à des imprévus fantaisistes comme boire du saké près des cendres de mon père, passer par la narine du Grand Bouddha, ou encore, célébrer un rituel sur le site des Rochers Mariés !
Avant de séjourner dans la ville, je vais me baigner dans la baie d'Ise, au bord de la mer des Philippines dans l'océan Pacifique. Je trouve l'eau sale, la plage laide, et remarque surtout les panneaux orange qui longent une sorte de remblai bétonné : sous les idéogrammes japonais il est indiqué : « Tsunami évacuation area, 700 m »... Puis 500 m... Et ainsi de suite, avec en haut à gauche du panneau, en vert et blanc, le dessin d'un petit personnage qui fuit une vague. Ma première impression étant la bonne, je quitte vite la plage pour les rochers mariés, Meoto Iwa.
Les Meoto Iwa symbolisent l'union de l'homme et de la femme, et le sanctuaire est dédié au mariage. Un gros rocher est relié à un plus petit : Izanagi, divinité masculine, est lié à Izanami, divinité féminine,

par une corde en paille de riz décorée de papiers blancs pliés en éclairs, identique à celle qu'on trouve autour des arbres et d'autres espaces sacrés shinto. La marée est basse et le site, très visible, se détache bien sur le sable. Évidemment, le gros rocher c'est l'homme, et le petit, c'est la femme..., dirait Emmy, et elle aurait raison. L'endroit ne me ravit pas tellement.

Je longe le remblai jusqu'au sanctuaire des grenouilles. Sur le chemin, un petit torii, et à côté, de grands anneaux de paille tressée. Ces anneaux doivent être des outils de purification. Instinctivement, je saisis l'un d'eux, mets une pièce dans une boîte, passe l'anneau devant mon corps en m'attardant sur mon ventre, me concentrant sur mon transit. Quelle surprise, alors ! Une femme japonaise me tend son anneau avec un signe de tête. Ça me laisse deux secondes perplexe. J'ignore pourquoi je le fais mais je m'incline, prends l'anneau et, guidée par mon intuition, le passe longuement au niveau des reins de la jeune femme. Elle m'en remercie.

La voyant faire c'est une dame plus âgée, une touriste cette fois, qui arrive ! On dirait qu'elle parle russe. Là encore, j'ignore pourquoi je le fais mais je passe son anneau autour de ses épaules, coudes, poignets, hanches, genoux et chevilles. Elle me donne quelques yens que je mets dans la boîte destinée à la réception de l'argent.

Suit un jeune homme à la mine sombre – quiconque ressentirait sa détresse –, avec la même demande. Pourquoi ai-je continué ? Je ne sais toujours pas. J'exécute le même rituel, autour de sa tête et de son thorax.

Je découvrirai beaucoup plus tard, quand je reviendrai dans la région de Tokyo, que le grand anneau d'herbe tressée dans lequel on passe pour éliminer les souillures, la malchance et les maux du corps est l'appendice des prêtresses shintoïstes lors d'une cérémonie célèbre du mois de juin. Cette vieille religion sans dogme ni morale, japonaise et animiste, touche mon âme depuis mon arrivée au Japon.

Sur le moment je ne sais pas cela, je me laisse guider par une sorte d'autorisation tacite...

Le jeune homme me remercie et repart comme il était venu, la mine sombre.

Autant je me suis autorisée à pratiquer ce rituel, autant je me sens libre aussi de ne pas donner suite en dépit d'autres demandes... sans doute parce que je ne suis pas une prêtresse shinto. Les moines bouddhistes

sont ordonnés seulement quand le Maître estime qu'ils sont prêts. Celui de Koyasan avec lequel j'échangeais a dû attendre six ans avant que son Maître décide de son ordination. Ma grand-mère a dû se former quatre ans avant de passer de miko à prêtresse shinto.
Et puis... je suis moi, je ne suis pas ma grand-mère.
Liberté d'être moi : une boule à facettes.

Je suis si bien, à me découvrir au gré des rencontres, je salue les oiseaux le matin, la lune la nuit, l'arbre taillé en nuages dans un jardin, je parle avec ceux dont je croise la route, et je marche le long d'une sorte de canal, bordé de sakura bien verts, qui mène d'un temple à un autre. Un célèbre philosophe zen pourrait y faire sa méditation quotidienne. Des petits ponts ravissants, des bancs sous les branches des cerisiers et de petits temples entourés de buissons ponctuent mon chemin.
Je vais boire un thé dans un hôtel du bord de mer. Un endroit sans charme particulier. Je regarde le breuvage vert au fond du bol. Rien à voir avec le vrai goût du matcha lors de la cérémonie du thé. Le thé, épais, est amer.
Le souvenir du matcha est encore très présent dans ma bouche. Cette nuit-là, je n'ai pas dormi... à cause de la haute teneur en théine !
Près de Méoto Iwa, le sanctuaire du mariage, je me remercie d'avoir coupé la corde, d'avoir eu l'endurance nécessaire pour mener à bien un long divorce tout en ayant trois enfants.
De la fenêtre, je vois des centaines de grenouilles qui ornent un autre sanctuaire dédié au bonheur conjugal.
J'ai le droit de vivre ma vie, maintenant, d'être aimée et touchée par quelqu'un qui me respecte.
Je regarde attentivement mes doigts, assez longs, et ma paume, petite, striée de nombreuses lignes, je sens les pulsations du cœur au bout de la pulpe des doigts. La vie passe par là.

PRATIQUE 9

DÉCOUVRIR OU REDÉCOUVRIR LE SENTIMENT PROFOND DE VOTRE LIBERTÉ : VOUS SENTIR VIVANT, LIBRE, AVEC BEAUCOUP D'ÉNERGIE ET D'ESPOIR !

Vous êtes à présent parvenu à votre sanctuaire intérieur, conscient de vous-même et de votre potentiel, pour continuer votre chemin et vous projeter avec joie dans le monde. Voici une pratique très forte dans laquelle on trouve une marche (dans le sens de « promenade »).

Vous sentez déjà, comme Yama arrivant au site des Rochers Mariés, que vous faites partie d'une évolution qui passe par vous, que vous êtes dans le mouvement permanent de la vie. Relié à vos origines, vous êtes une force de vie et vous vivez au présent votre corps, résultant du passé et dans un mouvement vers le futur. Peut-être, déjà, cette immersion profonde dans votre corps et votre énergie de vie vous aide-t-elle à renforcer cette confiance, que vous avez pu ressentir au début du chemin et qui ne fait que croître.

Maintenant, Yama et vous allez déployer vos ailes, vous allez commencer par sentir la liberté qui se trouve là, en vous, pour pouvoir intervenir dans votre existence comme vous le souhaitez, vous transformer si nécessaire. Du moins, vous sentir libre d'agir, d'être, vous autoriser à être qui vous voulez être.

Marcher, à la fin de cette pratique de la liberté, c'est déjà intégrer ce possible en vous et aller dans le monde avec cette intention et cette conviction. C'est en femme libre que Yama, elle aussi, sillonne le monde du passé de sa famille, de son présent et de son futur.
Cela peut donner du courage parfois, pour choisir ou avancer, pour agir ou ne pas agir. C'est le moment, pour la grue sauvage, de s'envoler vers le monde.
Je suis libre d'être qui je veux et qui je suis.

PRATIQUE

Posture

Debout, si vous le pouvez. Ou le dos droit, si vous devez rester assis.
Conscience de votre corps en train de se révéler à votre conscience… et de se détendre.

Détente

Vous levez les bras ouverts vers le ciel. Inspiration, rétention, conscience de votre corps dans sa verticalité, expulsion douce de l'air dans la posture avec les bras qui redescendent.

Une deuxième fois. Vous levez les bras, mains ouvertes vers le ciel. Inspiration… rétention… conscience de votre verticalité… Conscience de votre corps, de la vie dans tous les tissus de votre corps, expulsion douce de l'air et des tensions, et les bras redescendent.
Vous levez les bras en ouverture vers le ciel, inspiration, rétention. Conscience de votre corps… de la vie dans tous les organes, les muscles, les os, les tissus, les cellules de votre corps… et expulsion douce de l'air et des tensions, avec les bras qui redescendent.
Vous pouvez ensuite vous asseoir, mains sur le ventre.
Vous vous laissez aller au rythme doux de votre respiration abdominale.
Prenez votre temps. Conscience de votre corps, de sa présence, de son équilibre…

Sentiments positifs stimulés dans tout le corps *… Les mains sur le ventre*

Vous allez maintenant stimuler l'énergie de votre corps tout entier avec les sons E… OU… MO… TRI… A…

Inspiration, rétention, expulsion de l'air : E... OU... MO... TRI... A..., de façon audible ou non audible, comme vous préférez. E... OU... MO... TRI... A...
Vous arrêtez le son.
Vous activez la présence de la vie dans votre corps tout entier à l'inspiration, et vos sentiments positifs à l'expiration.
Vous pouvez répéter intérieurement « présence de la vie » à l'inspiration, et « sentiments positifs », dans tout le corps, à l'expiration. Plusieurs fois, pour l'activation.
Quelques instants, ensuite, pour intégrer cette expérience de la vie qui est là, bien présente.
Vous allez stimuler l'énergie de votre corps tout entier par le son, une seconde fois.
Quand vous êtes prêt, inspiration, rétention, expulsion de l'air avec le son audible ou non audible : E... OU... MO... TRI... A... E... OU... MO... TRI... A... E... OU... MO... TRI... A...
Vous activez la présence de la vie dans tout votre corps à l'inspiration, et vos sentiments positifs à l'expiration.
Vous pouvez vous répéter intérieurement « présence de la vie » à l'inspiration, et « sentiments positifs », dans tout le corps, à l'expiration. Plusieurs fois... Prenez votre temps.
Quelques instants, ensuite, pour intégrer cette expérience de la vie qui est là, bien présente, et de vous, là, bien présent.

Sentiment d'être vivant et libre... Respiration douce et calme

Prenez le temps d'apprécier votre corps vivant... Laissez émerger, des profondeurs de votre corps, ce sentiment de pouvoir intervenir dans votre existence, laissez émerger à votre conscience votre capacité de libre arbitre. Toutes les potentialités de votre être sont là.

Respirations lentes et profondes

Laissez émerger des profondeurs de la vie, dans votre corps, ce sentiment de pouvoir intervenir dans votre existence, votre capacité de libre arbitre. Toutes les potentialités de votre être sont là... Respirations lentes et profondes...

Sentiment de bonheur vital

Relax...
Vous laissez apparaître à votre conscience toute votre force de vie pré-

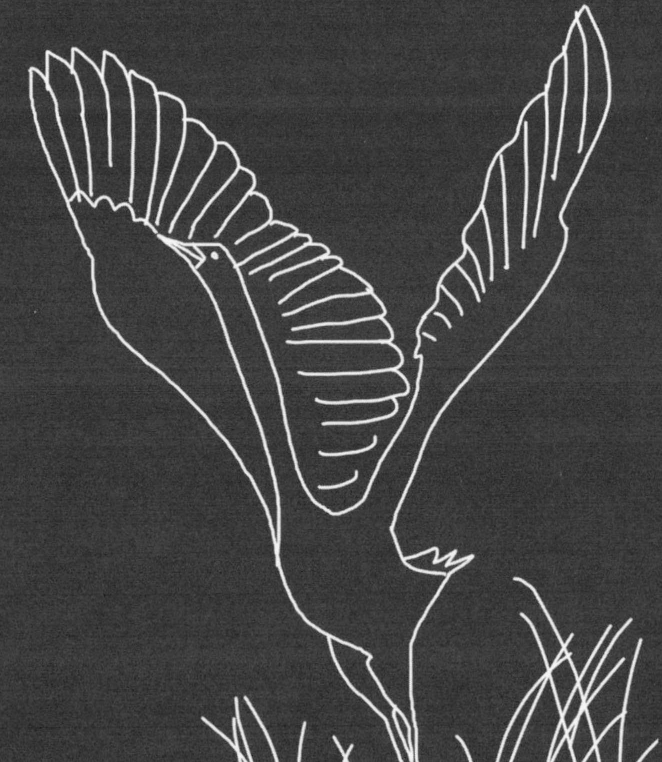

sente depuis vos origines – cette force de vie, présente dans vos cellules qui sont sans cesse en mouvement dans votre corps.
Sentiment du renouvellement perpétuel en vous. Même immobile, à l'intérieur de vous tout est en mouvement.
Vous laissez apparaître à votre conscience ce pouvoir d'intervenir pour ce qui vous concerne.
Prenez le temps de sentir tous les mouvements qui parcourent votre corps : les vibrations, les respirations, les pulsations; de sentir la vie en vous, vivante, vivifiante... transmise, renouvelée, mouvante. Sentiment de la vie et de toutes les potentialités dont elle est porteuse. De toutes les potentialités, tous les choix que la vie vous offre.

Respirations lentes et profondes

Vous pouvez vous répéter mentalement : «sentiment de liberté» à l'INSPIRATION, et «sentiment positif» à l'EXPIRATION, au rythme qui vous convient. «Sentiment de liberté» à l'inspiration, «sentiment positif» à l'expiration.

Vous vivez l'expérience de toutes les potentialités de votre vie humaine. Sentiment d'espoir... Conscience de votre libre arbitre... Profond sentiment de liberté, qui va vous permettre d'aborder autrement votre existence.

Accueil de votre capacité de libre choix

Debout, si vous le pouvez, le poids du corps bien en équilibre sur les deux jambes, ou assis, si possible le dos droit – ou encore avec cette intention, si votre corps est limité.
Dans votre posture, vous manifestez votre présence à l'univers avec la conscience de votre liberté. Vous êtes prêt à commencer ou continuer votre journée avec cette possibilité de libre choix que vous donne la vie.
Respiration profonde... Nouvelle énergie...
Vous pouvez prendre trois respirations profondes, activer votre confiance, votre harmonie et votre espoir, avant de faire un pas symbolique vers l'avant pour conclure votre pratique.
Libre à vous, ensuite, de poursuivre avec quinze minutes de marche méditative. Ou de sortir de votre séance.

MÉDITATION

Je vous propose, si vous en avez le temps et l'envie, de partir à la découverte du monde pour une quinzaine de minutes, si possible à pied ou par un autre moyen de déplacement si votre corps est limité, et de vivre une relation à vous-même et au monde avec ce sentiment de liberté. Fermez les yeux de temps en temps, pour ressentir tous phénomènes positifs comme les sensations, les émotions ou les impressions.

Cette marche, c'est une façon de continuer à méditer sur votre liberté…

Quand vous aurez fini, prenez trois minutes en posture assise pour intégrer tous vos ressentis avant de partir aux Meoto Iwa avec Yama.

J'inspire, je me sens vivant, je me sens libre d'intervenir dans ma vie pour ce qui me concerne ;
j'expire, je suis capable de faire des choix qui sont bons pour moi.

ISE

(Pratique 10)

La force de vie de mon corps me donne la possibilité du choix.
La possibilité du choix... Libre choix et responsabilité pour ma vie.
Source d'envies motrices et créatives.

Ma faim est impérieuse ! J'achète de grosses pâtes de blé qui trempent dans une sauce au soja, m'installe sur un banc au milieu des gargotes de soba, de brochettes de boulettes ou de tofu, de granités au thé matcha ou à la fraise. Comme dans un marché ouvert, chacun achète son plat pour ensuite le manger sous les tonnelles. Deux femmes japonaises ont habillé leurs chiens de robes roses. Il y a du spectacle ! Je regarde autour d'elles les vendeurs de cloches, les magasins, la queue pour les granités, les serveuses qui se faufilent pour servir les udon commandés dans un kiosque, les très vieilles maisons de bois presque noir, aux façades assombries par des fenêtres comme fermées par des panneaux de bois, sur lesquelles se détachent en lettres d'or des inscriptions dorées, pour la plupart des enseignes.

Dans une jolie boutique en retrait de l'effervescence, une vendeuse souriante me sert un jus de clémentine et une glace très verte. Le goût du matcha est très prononcé et la glace est poudrée de thé. J'adore le matcha ! La gaufrette est craquante. La vue sur le fleuve Isuzugje est apaisante. Beaucoup de personnes visitent la vieille

ville d'Ise, il est agréable de trouver un endroit calme sur la rive du fleuve.
Quand je sors de ce lieu paisible, je retrouve la rue centrale sous un soleil rayonnant.
Liberté dans la rue, j'ai le choix, ventre libre, thorax libre, tête libre, je suis joyeuse, je flâne.
J'entre dans la boutique d'un sculpteur de bois et tombe nez à nez avec trois petits Jizo. Le premier porte un bâton, le deuxième a les mains jointes et le troisième tend la main. Ils sont exactement de la même facture. Je les achète au vieux monsieur resté au fond de son atelier-boutique. Il semble très content, hoche la tête et rit.
– Ils protègent mon père et m'accompagnent tout au long de mon voyage.
J'essaye de lui expliquer cela en anglais, mais il ne comprend pas. Je repars avec mes Jizo dans mon sac à dos, je les offrirai à Isaac et Emmy pour qu'ils soient bien protégés. Pour moi, la protection a toujours été une valeur, je crois, sans doute héritée de ma mère médecin qui se donnait beaucoup à ses patients. Valeur exacerbée quand je suis devenue mère, et que j'ai exercée aussi pour me sortir d'une relation conjugale toxique. Je souris en pensant à tous les objets de protection que j'ai accumulés dans mon sac de voyage, petits Jizo en bois, amulette bénie de Kamigamo, clochettes de Kibune, tigre en papier mâché du mont Shigi…
Sans oublier la grosse pièce, symbole du tsukubai du temple zen, ronde, ouverte en son centre par un trou en forme de carré, gravée des idéogrammes chinois traduits par « I learn to be contented »…
Et bien sûr Maneki Neko, le chat à la patte levée. Un jour, un chat fut recueilli dans un sanctuaire bouddhiste très pauvre auquel il apporta la renommée, tant et si bien que celui-ci devint un lieu de pèlerinage et que le chat devint sacré.

Je marche, je me sens soulagée sans savoir pourquoi, et j'ai aussi la sensation générale dynamique de mon cerveau.
Force vitale dans mes profondeurs biologiques. Lumière dans mon corps et tonicité éprouvée de mes muscles.
Nouvelle façon de regarder le paysage, nouvelle façon de penser.
Libre choix de circulation, liberté de me déplacer.

J'ai tartiné ma peau diaphane d'écran total pour me promener en tournesol.

五十鈴茶屋
この道

Je ne peux résister à l'appel de l'akafukumochi, gâteau de riz « du bonheur rouge ». Selon un proverbe japonais, un cœur rouge est un cœur sincère et apporte toujours le bonheur.
Pour moi, la sincérité et la gourmandise sont deux vertus sacrées !
Autrefois, l'illustre salon de thé accueillait les pèlerins venus prier la déesse du soleil dans le sanctuaire d'Ise. Des cuisinières travaillent près de grands fourneaux rouges qu'on peut regarder au travers de baies vitrées.
Je déguste le gâteau debout, accoudée à un comptoir. Le reste de mon rouge à lèvres se dépose sur la petite coupe dans laquelle je bois du thé. Hum... c'est bon, ça fond dans la bouche... La pâte de haricots a été ajoutée autour du riz passé à la vapeur puis au pilon. Je suis absorbée par la couleur blanche du riz, au cœur du gâteau. L'akafukumochi est l'emblème du sanctuaire d'Ise, le plus vieux du Japon, qui célèbre la déesse du soleil, ancêtre vénérée de la famille impériale. Pour les Japonais, les empereurs et les princesses sont d'essence divine. À l'origine, deux rochers mariés sont père et mère de la déesse du soleil, qui a elle-même pour arrière-arrière-arrière-petit-fils le supposé premier empereur, Jimmu, fondateur du Japon. Et la lignée continue ainsi de père en fils, jusqu'à aujourd'hui. Ce gâteau est rouge comme le cercle du drapeau japonais qu'on voit flotter au-dessus des arbres du sanctuaire, rouge comme le soleil, rouge comme la déesse des origines.
J'ai toujours aimé la poésie, notamment celle des mythologies cosmogoniques. Celle du Japon continue de m'enraciner dans un monde fantasmatique qui me fait penser que tout est possible.
C'est sans doute la raison qui m'amène à regarder, à la sortie du salon de thé, un stand de Magatama. C'est un pendentif en forme de grosse virgule, épais et rond comme le soleil dans sa partie haute, et incurvé comme la lune dans sa partie basse. Parmi tous les modèles présentés, je choisis la pierre de couleur verte. Le Magatama est un des trois trésors que la déesse du soleil a offerts au premier empereur, et le vrai Magatama est un des trésors de la famille impériale.
Je ne le trouve pas très joli, mais sa valeur poétique vaut bien que je porte au cou un peu de la légende cosmogonique de la terre de mes ancêtres paternels.
La poésie, c'est la délicatesse que je souhaite pour le monde, me dis-je en me rappelant mon troisième vœu lors du rituel du feu à Koyasan.
C'est la poésie, aussi, qui me fait aimer les objets prophétiques comme le petit corbeau noir à trois pattes de Kamigamo. Quand j'ai ouvert le

corbeau par-dessous et tiré le petit papier roulé, j'étais presque tremblante. Si la prédiction ne m'avait pas plu, j'aurais pu faire comme les Japonais : j'aurais accroché le papier fin à un grillage en forme de chien, l'ajoutant aux autres pliages blancs pour donner une impression de gros chien à poil long.
– Qu'est-ce que ça veut dire ? ai-je demandé à Aya en déroulant le petit papier fin sur lequel la prédiction était écrite en japonais.
– Ah, m'a dit Aya en souriant, pour nous, Japonais, c'est une très bonne prédiction ! Vous allez atteindre votre but, mais pas tout de suite, par petits pas et en compagnie des autres. Nous, les Japonais, nous préférons les prédictions comme celle-ci, imparfaites, mais bonnes. Parce qu'après la perfection, il y a la chute.
J'ai dû regarder avec amour mon petit corbeau de bois peint.
– Il s'appelle Yatagarasu, il a trois pattes, tu vois : l'une représente le ciel, l'autre la terre, la troisième nous représente nous, les humains. Il symbolise l'union de la nature et des hommes.
– Sa portée symbolique représente beaucoup pour moi.
– Alors, ce Yatagarasu était fait pour toi !, s'est exclamée la miko de Kamigamo.

Je suis aussi contente de mon Yatagarusu et de mon Magatama que je l'ai été, enfant, de mes premiers patins à roulettes. Et en matière de satisfaction, c'est une référence !
Ces patins à roulettes en fer un peu rouillé, réglables au centre. On y insérait ses chaussures et on réglait ensuite les attaches rouges… C'était la liberté ! J'ai grandi à la campagne, ma mère me laissait une grande liberté et c'était elle qui s'occupait de mon éducation, j'aimais être libre d'aller et venir dans de grands espaces, faire du vélo, me déplacer… Ce désir d'être libre était déjà là en moi. La liberté en tant que valeur. Toujours là, même en creux, quand je l'ai perdue quelque temps dans un couple chaotique. Heureusement qu'elle était suffisamment chevillée à mon corps pour que je puisse la recouvrer.
Par association d'idées libre et positive, je pense à la jeune Akiko de Kyoto : « Tu vas devenir une très belle geiko, au printemps et à l'automne tu te pareras comme les autres de ton kimono le plus coloré pour donner les spectacles de danse traditionnelle en l'honneur des deux saisons, tu célébreras la cérémonie du thé et tu laisseras un souvenir impérissable à ceux qui t'auront vue dans Miyako Odori. Tu danseras dans un magnifique kimono rouge parsemé de fleurs, tu seras sublime. »

Je continue ma flânerie et passe devant un éventail qui dans une vitrine arrête mon regard.
Des grues, le ciel, le soleil rayonnant. Splendeur des motifs.
Effet poétique de l'objet contemplé, ou rappel de l'enfance ? Aux grues sur fond d'or se substitue un autre oiseau blanc au bout des ailes noir et au bec rose, un oiseau de large envergure et à longues pattes, un oiseau qu'Akiko a vu de nombreuses fois, un oiseau migrateur qui revient chaque année d'Afrique quand les vallées sont fleuries d'arnica, quand les rats des moissons mangent les fleurs et les graines, quand les chamois et les chevreaux se bousculent sur les flancs rocheux des montagnes – cela lui rappelle tant de souvenirs : la cigogne.
J'ai grandi dans l'Alsace sauvage, près des montagnes, des chamois, des fleurs et des cigognes !
Puisque tout est possible, pourquoi ne pas remettre les pieds sur cette terre d'émerveillement, où la nature est prodigue et la montagne splendide ?

Au jardin minéral des quinze pierres, quelques semaines plus tôt : la maison du thé est ouverte, de superbes estampes à l'encre noire sont tendues sur le mur derrière celle qui célèbre la cérémonie. Je reconnais le dessin de montagnes sacrées et celui, très gracieux, de grues, symboles de longévité.
Je « vois » une grue de mille ans pousser ses longues pattes et tendre son long cou pour s'envoler du mur et partir dans le ciel afin de gagner la montagne des immortels.
Peut-être, déjà, un signe ?

Un souvenir en entraînant un autre...
Je suis avec la fille de l'aubergiste dans le ryokan de Nara, après ma rencontre avec Shihizo. Ses petites mains agiles plient un carré de papier, en diagonale, pour former un triangle. Un doigt habile doit ouvrir l'intérieur, garder un des angles saillant et faire du reste un petit losange ouvert. Je copie ses gestes précis. Se présente sur la table un grand losange. La partie inférieure du losange est divisée en deux triangles très pointus qu'il faut remonter vers le haut, à l'arrière de la partie supérieure. Le pliage final est prêt à déployer sa splendeur. Je tire les deux côtés vers l'extérieur et la grue apparaît, avec ses ailes bien ouvertes, sa queue pointue et le dessous du pliage qu'il faut encore un peu arranger pour que la grue se pose sur la table.
J'ai gardé avec moi cette grue d'origami et souvent la contemple.

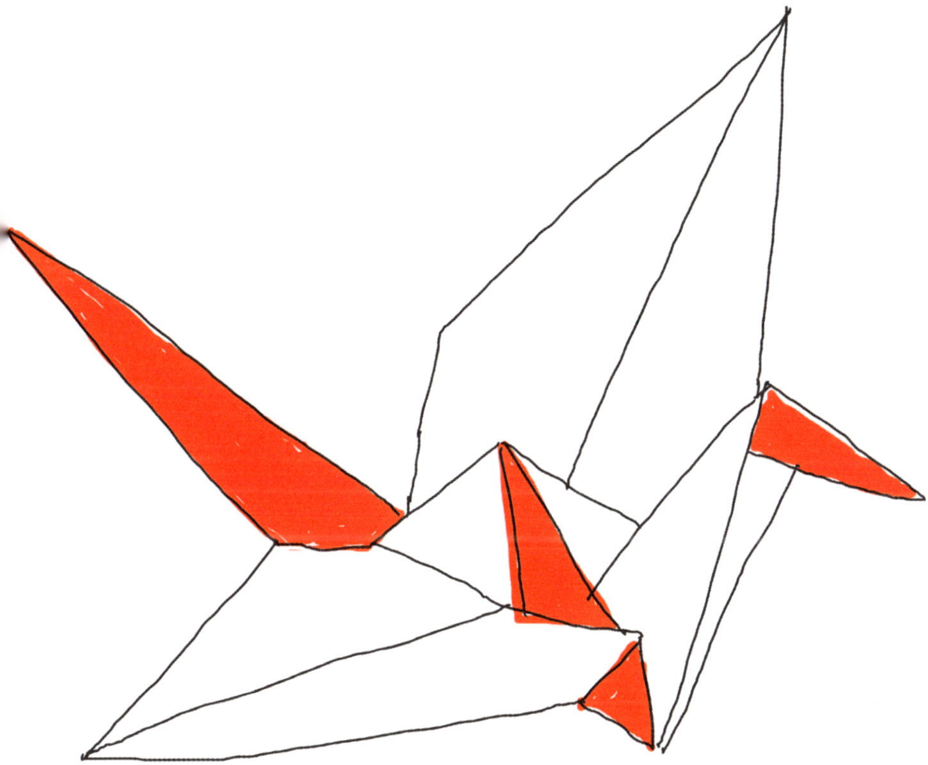

PRATIQUE 10

CRÉER DES RELATIONS NOUVELLES AVEC CE QUI VOUS ENTOURE, DES LIENS CONSCIENTS, EN COMMENÇANT DÉJÀ PAR LA CONSCIENCE DES OBJETS.

La liberté de Yama va continuer à se matérialiser à Ise ; et la vôtre, là où vous vivez.

Nous mettons en place, dans ces dernières pratiques, la conscience d'une relation au monde libre et responsable ! Une fois mis entre parenthèses les préjugés vis-à-vis de nous-mêmes, étape nécessaire à toutes les précédentes pratiques de sophrologie, nous pouvons désormais mieux entrer en relation avec les autres, sans a priori, comme si c'était la première fois, comme lorsqu'on découvre un pays.

Peut-être l'avez-vous remarqué ? La portée de nos actions dans le monde dépend souvent de notre intention, de notre libre arbitre et des valeurs qui les animent. Alors, partons à la découverte de nos valeurs ! Celles qui sont là aujourd'hui, celles que nous avons conquises avec le temps et celles qui commencent à germer. Les valeurs constituent en partie notre identité. Sans que la liste en soit exhaustive, parmi elles on peut trouver la santé, l'amour, l'amitié, la compassion, la liberté, la responsabilité, l'authenticité, l'art, l'écologie, le respect, la paix, etc. On dit souvent qu'avec cette conscience

activée, la sophrologie est un art de l'existence riche de nos valeurs… Cela se fait au fur et à mesure.
Les pratiques 10 à 12 nous aident à nous connecter à nos valeurs.
En nous connaissant en profondeur par l'ouverture de notre conscience, sans passer par le « je pense que je suis », en étant au plus près de notre authenticité, nous pouvons avoir des relations plus conscientes et plus authentiques avec ce qui nous entoure, et nous allons commencer par celles que nous entretenons avec les choses qui nous environnent.

PRATIQUE

Posture

Debout, si vous le pouvez. Ou le dos droit, si vous devez rester assis.
Conscience de notre corps en train de se révéler à notre conscience, et de se détendre…

Détente

Vous levez les bras ouverts vers le ciel. Inspiration, rétention… Conscience de votre corps dans sa verticalité, expulsion douce de l'air dans la posture avec les bras qui descendent.
Une deuxième fois. Vous levez les bras, mains ouvertes vers le ciel. Inspiration… rétention… Conscience de votre verticalité, conscience de votre corps, de la vie dans tous les tissus de votre corps, expulsion douce de l'air et des tensions, et les bras redescendent.

Vous levez les bras en ouverture vers le ciel, inspiration, rétention… Conscience de votre corps, de la vie dans tous les organes, les muscles, les os, les tissus, les cellules de votre corps… et expulsion douce de l'air et des tensions, avec les bras qui redescendent.
Vous pouvez ensuite vous asseoir, mains sur le ventre.
Vous vous laissez aller au rythme doux de votre respiration abdominale.

Stimulation de sentiments positifs *… Les mains sur le ventre*

Vous allez à présent stimuler l'énergie de votre corps tout entier avec les phonèmes E… OU… MO… TRI… A…
Inspiration, rétention, expulsion de l'air avec les sons E… OU… MO… TRI… A…, que

vous pouvez produire de façon audible ou non audible, comme vous préférez. Vous activez la présence de la vie à l'inspiration, et les sentiments positifs à l'expiration.
Vous pouvez répéter intérieurement : « Présence de la vie » à l'inspiration, et « sentiments positifs » dans tout le corps à l'expiration. Plusieurs fois, pour l'activation.

Puis prenez quelques instants pour intégrer cette expérience de la vie, qui est là bien présente, et cette expérience de vous-même, là, bien présent.

Une deuxième fois, inspiration, rétention, expulsion de l'air avec le son audible ou non audible : E… OU… MO… TRI… A…
Une troisième fois, inspiration, rétention, expulsion de l'air : E… OU… MO… TRI… A…
Vous activez la présence de la vie à l'inspiration, et des sentiments positifs à l'expiration.
Vous pouvez vous répéter intérieurement : « Présence de la vie » à l'inspiration, et « sentiments positifs » dans tout le corps, à l'expiration. Plusieurs fois. Prenez votre temps…
Quelques instants, ensuite, pour intégrer cette expérience de la vie qui est là, bien présente, et cette expérience de vous, là, bien présent.

Vous relier à vos valeurs profondes

Quelques moments de respiration profonde.
Vous laissez venir une de vos valeurs, qui fait sens pour vous et qui signe en partie votre identité.
Cela peut être une valeur individuelle, personnelle – qui concerne la société, le collectif – ou une valeur plus universelle, voire spirituelle.
Laissez venir une valeur de votre choix. Elle remonte des profondeurs de votre être, de votre biologie, elle peut être connue ou vous surprendre… Laissez venir, sans juger ni commenter.

Quand vous INSPIREZ, vous laissez remonter clairement à votre conscience cette valeur qui est la vôtre et qui vient de vos profondeurs biologiques.
Prenez le temps d'activer sa présence à votre conscience.
Puis EXPIREZ, faites-la descendre dans tous les tissus, toutes les cellules, toutes les molécules de votre corps ! Jusqu'à incarner votre valeur.
Prenez maintenant conscience du fait que vous êtes un être au passé, au présent et en devenir.

Laissez remonter à votre conscience les autres valeurs de votre présent, prenez conscience des valeurs qui vous habitent aujourd'hui, qui vous sont chères.
À chaque fois que vous inspirez l'air, doucement, sentiment de bonheur de percevoir vos valeurs…

Je vous propose aussi de percevoir les valeurs que vous avez conquises par le passé, au cours des années.
INSPIRATION, sentiment de bonheur de percevoir ces valeurs conquises au cours des années de votre passé.
Peut-être pouvez-vous percevoir à présent vos valeurs « en boutures », celles qui émergent aujourd'hui et qui sont appelées à se développer. Vous en prenez conscience… Prenez votre temps.
À chaque fois que vous inspirez l'air, sentiment de bonheur de percevoir ces valeurs boutures…

Concentration sur un objet

Ensuite, imaginez un objet qui pour vous a de la valeur ou qui correspond à l'une de vos valeurs personnelles, collectives, universelles, et fixez votre attention dessus. Prenez le temps de le contempler. Comme s'il était juste devant vous.
Certains cerveaux ne parviennent pas à imaginer un objet. Si c'est le cas pour vous, regardez avec attention un objet réel.
Quelle est sa valeur ? Vous contemplez sa ou ses valeurs présentes.
Peut-être pouvez-vous aussi contempler sa tridimensionnalité. D'où vient-il ? Qui l'a fabriqué ? Comment est-il arrivé à vous ? Et que va-t-il devenir ? Quel est son futur ? Quelles sont ses valeurs passées ? Futures ?
Sentez que vous créez une vraie rencontre avec cet objet. Une rencontre agréable. Cela crée un nouvel espace de conscience avec l'espace qui nous entoure. Un nouveau regard sur l'espace qui vous entoure, qui va s'étendre, s'élargir…

La marche

Si vous pouvez, incluez cette marche méditative à votre pratique. Si vous ne pouvez pas, passez directement à la méditation de conclusion.
À présent, allez à la rencontre des objets lors de votre marche, avec vos valeurs incarnées. Vous pouvez aller les rencontrer dans votre maison, avec cette intention de rencontre. Ou à l'extérieur, dans votre rue, votre quartier, votre village, votre ville… Contemplez ce qui vous environne sous

l'angle des valeurs. Quelles sont les valeurs que portent les objets que vous rencontrez ? Quels sont leur passé et leur futur ? Parfois, arrêtez-vous pour vous sentir exister, ici et maintenant, dans le monde… INSPIR… EXPIR…

MÉDITATION

Laissez-vous imprégner de ce qui est apparu pendant la séance. Appréciez votre richesse. Celle aussi du monde. Et celle des liens. Respirez profondément à trois reprises. Renforcez votre confiance relationnelle, votre harmonie et votre espoir. Quand vous rouvrirez les yeux sur le monde, vous le verrez autrement et vous pourrez continuer votre voyage en liberté à Ise…

J'inspire, je crée un espace de rencontre conscient ;
j'expire, j'intègre la valeur de ce qui m'environne.

KOTAI JINGU
(Pratique 11)

Un joli pont encadré de deux torii sépare le monde sacré de Kotai jingu de l'autre monde. Je traverse le pont. Je porte mon Magatama. Un dernier torii, magnifique portique dressé sur deux piliers ronds, chapeauté de deux barres parallèles dont une, la plus élevée, est en ses extrémités légèrement incurvée vers le haut.
Kotai jingu, le sanctuaire le plus sacré du Japon, est dédié à la déesse du soleil, Amaterasu-Omikai, la divinité protectrice du Japon, le kami ancestral de la famille impériale et fille des Rochers Mariés de la baie d'Ise.
Au cœur du Parc d'Ise-Shima, des cèdres comme dans la montagne de Kibune, des camphriers, des cyprès plus que centenaires et qui resteront là bien après moi... Une polarité au pôle ensoleillé, baigné d'une énergie douce et claire, et au pôle opposé à l'ombre puissante et sombre.
Dans la partie claire, sentiment d'espace. Plaisir de l'enveloppement doux de la lumière. L'endroit est grand et aéré. Le sanctuaire principal, l'édifice et ses enceintes sont d'un bois très beau et très lisse.
Le sanctuaire est tellement sacré pour les Japonais que personne n'y entre hormis l'empereur, et de quelques pas seulement. À l'intérieur

de l'enceinte, des maisons ressemblent à d'anciens greniers à riz japonais.
Tous les vingt ans, le sanctuaire est reconstruit dans un bois recyclé si bien que tout à côté se dresse un espace, vide et vierge. C'est une façon de garder sa jeunesse à la déesse.
Bien-être devant ce vide. Le vide devient pour moi une valeur de vie. Je respire agréablement et prends une pierre blanche au sol.
Au cours de ce voyage, je suis comme un oignon qui s'effeuille. J'arrive de plus en plus en mon cœur. Vibrations et simplicité.
Le lieu est très épuré, très peu d'or et seulement du bois parmi de grands arbres.
Je me mêle aux arbres et aux Japonais vêtus de leur costume du dimanche, priant face au sanctuaire dans un endroit dédié gardé par deux prêtres shinto vêtus de toges blanches et de chapeaux pointus.
Des troncs gigantesques, d'un marron profond, presque rouge. Une odeur de camphre et de jasmin éparpillée dans l'air.
Les Japonais s'inclinent profondément après avoir frappé dans leurs mains.
Éclat du bleu du ciel.
Valeur du travail de renouvellement du sanctuaire.
Dignité de l'autre, qu'il soit arbre, temple, humain…
Sentiment de la valeur de chaque être rencontré.
De nouvelles possibilités de rencontre et de partage m'appartiennent, vibrations, liberté, responsabilité, valeur de mon être.
Confiance en les forces de vie qui sont présentes.
Beauté vraie de la nature, ancrage de sa présence et de la mienne dans le réel, expansion de ma conscience par le cœur.

Je monte un escalier de pierre sous les arbres, grimpe à l'ombre pour gagner une partie du sanctuaire plus sombre, feuillue, petite. Cet endroit me relie à mon esprit vaillant et courageux. Il me donne accès à quelque chose de fort et d'intérieur.
Je m'assois ensuite quelque temps près de l'abri destiné aux pèlerins, là où s'achètent souvenirs et goshuin. Un homme vient lui aussi chercher un peu d'ombre. Il fait très chaud aujourd'hui. Il est vêtu d'un costume noir et d'une chemise blanche. Pour venir honorer le kami impérial, il a mis une cravate. Je l'observe de profil. Un beau visage.

Il se met à me parler, en japonais, sans se soucier d'être compris dans sa langue.
– Je ne...
Je ne sais pas pourquoi, je n'ose pas lui signaler que je ne parle pas japonais. Je ponctue ses phrases de :
– Hai...
Ça veut dire oui en japonais. J'opine du chef régulièrement. Il me parle très longtemps !
Il s'arrête pour rire. Je ris avec lui, sincèrement.
Il se lève pour partir, je crois. J'ai passé un très bon moment sans avoir compris un seul mot et sans avoir cherché à décrypter quoi que ce soit. Je l'en remercie :
– Arigato Gozaimas.
Il me parle encore. Je comprends qu'il me demande de tendre ma main ouverte.
– Hai...
Il pose dans ma paume un adorable petit moine en bois. Le bois est très lisse et la statue fait quatre ou cinq centimètres.
– Oh, mais c'est petit Jizo !
C'est sorti de ma bouche en français ! À son tour de me dire :
– Hai, hai...
Il me fait entendre que c'est un cadeau. Je le remercie dix fois. La figurine est exactement de la même facture que celles d'Emmy et Isaac.
Il s'en va, me faisant un signe de la main, il marche les jambes arquées.
Je contemple avec attention le crâne lisse, le petit sourire, les plis du drapé d'un habit du moine, les petits doigts de pieds bien dessinés, la couleur caramel du bois. Ce troisième Jizo sera pour Aimé. Je n'ai pas le droit de laisser tomber face à l'adversité. Ce petit Jizo, c'est un encouragement à tenter un nouveau rapprochement !

Magie des rencontres.
Magie des arbres.
Les rituels se succèdent.
Beaucoup de Japonais en costume et cravate viennent prier en groupe le kami de la famille impériale.
Pour le bonheur du monde et pour assurer une relation harmonieuse à la nature vivante.
Je regarde, rêveuse.
Je « vois » ma grand-mère en habit de miko proclamer des paroles lors

de la grande cérémonie de la purification qui a lieu tous les ans, devant une assemblée de gens agenouillés. Ceux-ci ne viennent pas pour faire pénitence, mais pour retrouver une sorte d'hygiène intérieure, le péché n'existant pas dans le shintoïsme.

La nuit dernière, j'ai fait un rêve.
Un grand feu dans la nature pour l'équinoxe d'hiver.
Des femmes emmitouflées dans des manteaux bien chauds, assises autour du feu. Les flammes sont hautes et crépitent. Des langues de pays différents. Un chant tout à coup s'élance en anglais, et la plus vieille femme du groupe jette de la poudre dans le feu. C'est un chant qui parle d'une lumière de plus en plus vive. On dirait une sorte de rituel du feu mené par des femmes. Mon corps est pris par la chaleur des flammes et mes cellules sont réveillées par la ferveur du chant qui monte dans le ciel comme le font les sutras des moines bouddhistes. Il y a des arbres très hauts, de la rocaille de montagne. C'est en hauteur. La température extérieure est très froide. Je porte un gros anorak à capuche, un bonnet, des moufles et des après-skis.
Ce n'est pas au Japon, c'est en Alsace.
Je reconnais le paysage.
C'est au Donon, aux frontières de la Lorraine ! Il y a un sanctuaire celte antique. Le massif du Donon est un lieu énergétique fort en Alsace, un peu l'équivalent d'une montagne sacrée, du mont Karuma pour son énergie tellurique.

Je caresse le bois lisse du petit Jizo.
J'ai cinquante-quatre ans, c'est sans doute l'âge d'un changement de vie pour moi. Je ne pourrai pas rentrer chez moi et reprendre ma vie là où je l'ai laissée.
Je suis libre d'intervenir dans ma vie pour les choses qui me concernent, je peux aller vivre près d'une montagne sacrée, retrouver la nature, et revenir au Japon quand bon me semblera.
Je regarde le soleil.
Et j'en ai l'énergie !

PRATIQUE 11

PROFITER PLEINEMENT DE VOTRE LIEN AVEC LA NATURE...

Prendre conscience de votre propre tridimensionnalité et de celle de la nature dans la relation que vous entretenez au monde.

Magie des rencontres et magie des arbres, pour Yama au Japon... Elle traverse des lieux où la nature est magique, ce qui lui donne envie de vivre à nouveau dans la nature... Magie de la nature pour nous tous. Cette onzième pratique nous permet de regarder toute la valeur « sacrée » de la nature à préserver, et de nous vivre en lien avec elle avec respect, humanité, liberté et responsabilité. La nature fait partie de la vie et du voyage de Yama, et des vôtres, lecteurs. Profitons pleinement de notre lien aux arbres, à l'air, au soleil, aux autres, à la prodigalité, la générosité de la nature... Elle est vivante, nous sommes vivants au milieu du vivant, nous sommes elle. Elle est énergie et nous sommes dans son énergie. Yama et vous partagez un peu de l'ADN des arbres. La nature est sacrée dans les sanctuaires du Japon. Elle est sacrée partout. En ne vous séparant pas de la nature, vous entretenez avec elle un lien profond et spirituel. Cette pratique vous lie à elle, à sa générosité et à son énergie, viscéralement, pour une relation aussi respectueuse que celle des Japonais avec les forces de celle-ci, la déesse du Soleil et son sanctuaire magnifique... à découvrir avec Yama.

PRATIQUE

Posture

Debout, si vous le pouvez. Ou le dos droit, si vous devez rester assis. Conscience de votre corps en train de se révéler à notre conscience… et de se détendre.

Détente

Vous levez les bras ouverts vers le ciel. Inspiration, conscience de votre verticalité, expulsion douce de l'air dans la posture avec les bras qui redescendent…

Une deuxième fois. Vous levez les bras, mains ouvertes vers le ciel. Inspiration, conscience de votre verticalité… Conscience de votre corps, de la vie dans tous les tissus de votre corps, puis expulsion douce de l'air et des tensions, et les bras redescendent.

Vous levez les bras en ouverture vers le ciel. Inspiration, conscience de votre corps, de la vie dans tous vos organes, les muscles, les os, les tissus, les cellules de votre corps… Et expulsion douce de l'air et des tensions, avec les bras qui redescendent.

Vous pouvez ensuite vous asseoir, mains sur le ventre.

Vous vous laissez aller au rythme doux de votre respiration abdominale…

Présence de la vie dans la région du cœur *… Les mains sur le sternum*

Vous allez maintenant stimuler l'énergie de votre thorax avec le son E… OU… MO… TRI… A…

Inspiration, rétention, expulsion de l'air dans le son E… OU… MO… TRI… A… que vous pouvez produire de façon audible ou non audible, comme vous préférez.

Vous activez la présence de la vie à l'inspiration, et les sentiments positifs à l'expiration.

Vous pouvez répéter intérieurement : « présence de la vie » à l'inspiration, et « sentiments positifs », du thorax vers tout le corps, à l'expiration. Plusieurs fois, pour l'activation.

Prenez quelques instants, ensuite, pour intégrer cette expérience de la vie qui est là, bien présente, et de vous-même qui êtes là, bien présent.

Une deuxième fois : inspiration, rétention, expulsion de l'air avec le son (audible ou non audible) E… OU… MO… TRI… A…
Une troisième fois : inspiration, rétention, expulsion de l'air sur E… OU… MO… TRI… A…
Vous activez la présence de la vie à l'inspiration, et des sentiments positifs à l'expiration.
Vous pouvez vous répéter intérieurement : « présence de la vie » à l'inspiration, « sentiments positifs », du thorax vers l'ensemble du corps, à l'expiration. Plusieurs fois, prenez votre temps…
Puis prenez quelques instants pour intégrer ce rayonnement de la vie qui est là, bien présent, et de vous-même qui êtes là, bien présent.

Reliance à mes valeurs de cœur

Quelques moments de respiration profonde. Vous laissez venir une de vos valeurs de cœur, qui fait sens pour vous et qui signe en partie votre identité. Cela peut être une valeur individuelle, une valeur qui concerne tout le monde. Laissez venir une valeur de cœur. Elle vient des profondeurs de votre être, de votre biologie, elle peut être connue de vous ou vous surprendre. Laissez venir, sans juger ni commenter…

INSPIREZ, laissez remonter clairement à votre conscience cette valeur qui est la vôtre et qui vient des profondeurs biologiques de votre cœur. Prenez le temps d'activer sa présence à votre conscience… puis EXPIREZ, faites-la descendre dans tous les tissus, toutes les cellules, toutes les molécules de votre corps, jusqu'à sentir que vous l'incarnez.
Je vous propose aussi de percevoir les valeurs de cœur que vous avez conquises au cours des années, ou qui étaient déjà présentes en vous par le passé… à chaque inspiration, sentez votre bonheur à percevoir ces valeurs de cœur du passé. Peut-être pouvez-vous percevoir maintenant vos valeurs de cœur en boutures, qui sont appelées à se développer. Vous en prenez conscience, prenez votre temps… À chaque fois que vous inspirez, sentiment de bonheur à percevoir ces valeurs boutures.

Concentration sur un objet naturel

Ensuite, imaginez ou regardez un élément de la nature, du monde végétal, minéral ou animal, et fixez dessus votre attention. Prenez le temps de le contempler, comme s'il était juste devant vous.
Quelle est sa valeur ? Vous contemplez sa ou ses valeurs présentes.
Peut-être pouvez-vous aussi contempler sa tridimensionnalité. D'où vient-

il ? Comment est-il arrivé là ? Et que va-t-il devenir ? Quel est son futur ? Sentez que vous créez une vraie rencontre avec ce végétal, ou cette roche ou cet animal. Une rencontre agréable. Cela crée un nouvel espace de conscience avec la nature qui vous entoure. Un nouveau regard sur la nature qui vous entoure, qui va s'étendre, s'élargir…

La marche

Voilà ! Vous allez maintenant aller à la rencontre des éléments naturels, lors de votre marche, avec vos valeurs incarnées. Vous pouvez aller découvrir ou redécouvrir des objets d'attention naturels dans votre maison : végétaux, pierres, animaux, avec cette intention de rencontre. Vous pouvez le faire aussi à l'extérieur. Contemplez, respirez, touchez la nature sous l'angle de vos valeurs de cœur… Quelles sont les valeurs que portent les végétaux, minéraux, animaux que vous rencontrez ? Quels sont leur passé et leur futur ? Essayez de porter un regard neuf sur la nature qui vous environne.
Parfois, arrêtez-vous pour vous sentir exister, ici et maintenant, dans le monde. INSPIR. EXPIR.

MÉDITATION

Quand vous aurez fini de marcher, prenez le temps de faire quelques respirations… Laissez-vous imprégner de ce qui est apparu pendant la séance. Appréciez votre richesse. Celle aussi de la nature. Renforcez votre harmonie en vous et dans vos relations au monde, ainsi que votre espoir.
Quelques mouvements dans le bas de votre corps, votre abdomen, vos mains, vos bras, votre thorax, votre nuque, votre tête.
Vous pouvez vous étirer, vous revenez complètement à la sensation de votre corps en mouvement, pour une complète intégration des phénomènes de la pratique.
À présent, allez vous imprégner de la magie du plus impérial des sanctuaires japonais… un espace sacré et généreux dans un parc magnifique !

J'inspire, j'ouvre ma conscience à la nature ;
j'expire, j'intègre la valeur de la nature.

SANJU-SANGENDO

(Pratique 12)

Quatre ans plus tard, j'entendrai Morita-San reprendre la phrase de son père : « La sympathie et la compassion pour le patient sont très importantes dans le diagnostic oriental. Le diagnostic par le toucher est une affection maternelle envers le patient pour sentir sa douleur. Cela signifie que vous n'êtes pas en train de traiter le problème du patient, mais plutôt de partager sa peine. »

Je serai en train de suivre une formation du zen shiatsu inventé par Shizuto Masunaga, au Japon, à Tokyo, et je me souviendrai de Sanjusangendo.

Sanjusangendo a beaucoup compté dans mon voyage. C'est le sanctuaire fabuleux de la déesse Kannon, dans le Kansaï. Mon père aurait pu devenir prêtre shintoïste du sanctuaire de Tokyo, je ne pouvais passer à côté de cet endroit.

À Sanjusangendo, je me suis projetée dans le ressenti de l'empathie et de la compassion, incarné dans des gestes ancestraux et médicaux appris longuement et précisément et dont la technique est transcendée par la qualité de la relation : en fermant les yeux au soleil, je me suis vécue dans le futur. Une salle claire. La montagne derrière la fenêtre. Un homme est

allongé sur un futon, pour un soin, et la praticienne shiatsu... c'est moi. Je le contemple dans tout ce qu'il a été, ce qu'il est et ce qu'il sera. Je le contemple dans sa fragilité, qui est aussi la mienne. Je le contemple dans son unicité. Sa singularité. Sa dignité est la mienne.
Je comprends la phrase du renard sur la colline d'Inari : « Au centre de ton être tu as tes réponses, tu sais ce que tu veux, tu sais qui tu es et qui tu choisis de devenir ».
Et pourquoi j'ai rencontré Léone, maître Shiatsu.
Et Shihizo, chamane d'Okinawa...
Et Aya, jeune miko de Kamigamo...
Et l'inconnu au beau visage d'Ise, qui m'a offert un troisième Jizo pour Aimé...
Et le moine de Koyasan, Yukaï...
Et celui du temple zen, Isas...
Et le jardinier...
Et la jeune Akiko à Kyoto...
Et Yara pour la première des mises à nu, à Shigisan.
Et... Kannon à Sanjusangendo !
Et tant d'autres encore...
C'est l'autre que je suis venue rencontrer comme moi-même.
Finis les chiffres et les fichiers informatiques ! J'ai à peine la soixantaine, à moi une nouvelle quotidienneté. J'ai en moi la solidité de la montagne et l'énergie du vivant, depuis mon premier voyage au Japon.

Sanjusangendo.
Comment ne pas être saisi par la splendeur des lieux ?
Se dressent des rangées de statues dorées qui s'alignent sur une centaine de mètres. Dix rangées serrées de cent statues identiques ! C'est extraordinaire !
Les statues sont des représentations de Kannon, une déité bouddhique très populaire, la représentation de la compassion.
Kannon a vingt et un bras pour porter et soutenir le monde. C'est une divinité tutélaire qui aide les êtres humains.
Je ne suis toujours pas plus bouddhiste que shintoïste, je n'ai toujours aucune religion. Pourtant je suis bouleversée.
La compassion, c'est pour moi la délicatesse que je souhaite au monde.
Souvenir du Goma à Koyasan.
Au centre de la salle, une grande Kannon, entourée de ses vingt et un bras. C'est beau, c'est grand, c'est tendre.

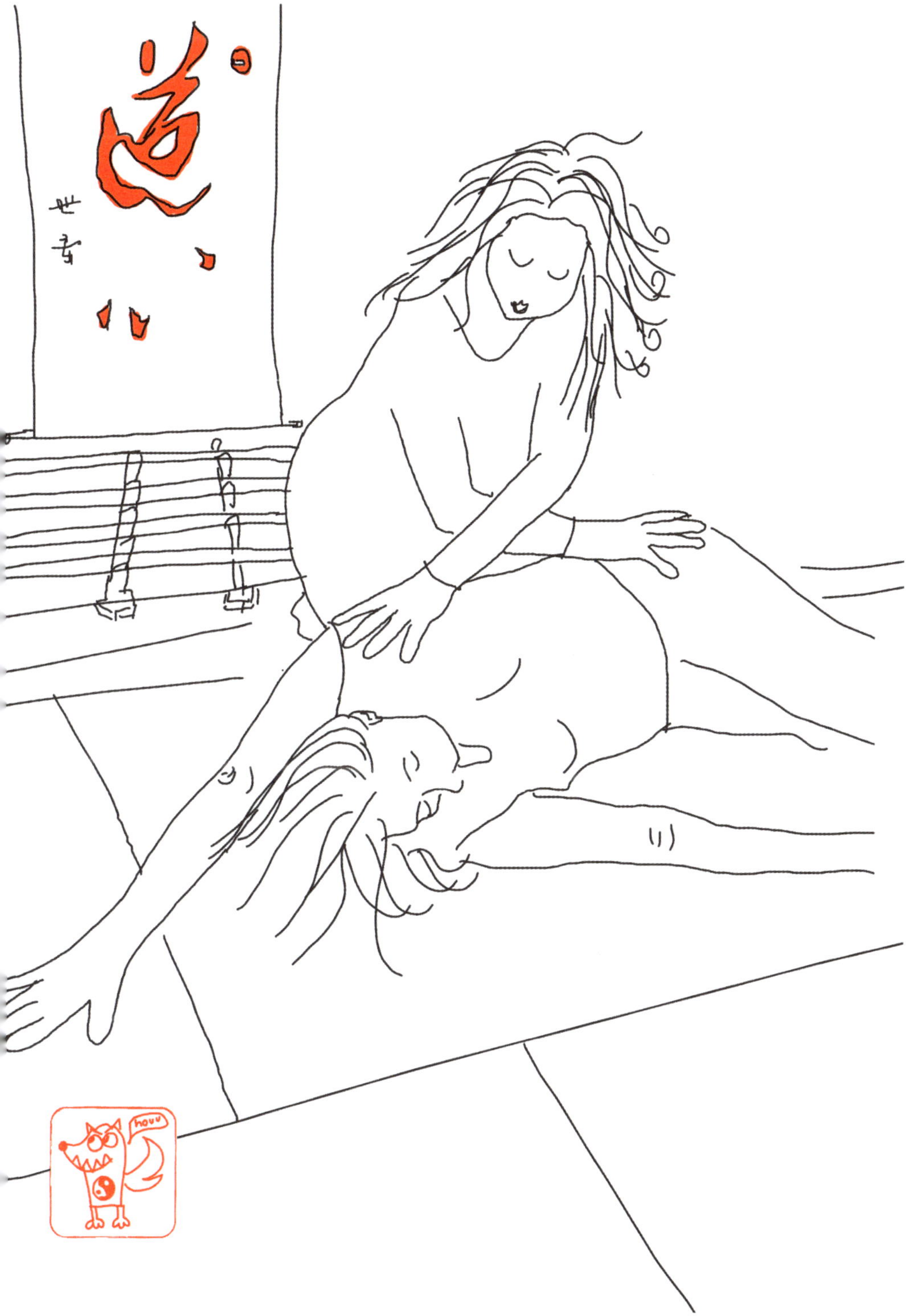
houu

Tous ces troncs de cyprès sculptés et dorés offrent au regard un ensemble très harmonieux avec la répétition d'un visage de femme qui sourit.
J'ai pleuré, je crois. Et je me suis penchée pour embrasser l'une des statues ! J'ai été arrêtée illico presto par un sifflement strident.
Kannon existe sous des noms différents dans de nombreux pays. Au Tibet, on pense que les dalaï-lamas en sont des émanations. Tous les êtres ont besoin de compassion. Le monde, la nature, le cosmos ont besoin de compassion. C'est une valeur spirituelle chère à tous les bouddhistes, et une valeur de cœur qui m'est chère…
Des collégiens se montrent des cartes postales de l'intérieur du temple, interdit aux photos.
Un bac propose pour 250 yens de tirer au sort une divinité du bonheur. Un hasard toujours heureux, quelle que soit celle qui est choisie par la main. Je reçois du hasard un tout petit Bishamonten. Clin d'œil de mon père.

C'est la compassion qui m'a menée au shiatsu, c'est le cœur et non les mains…
Au cœur de mon oignon.

J'aime les relations profondes et sincères.
Mes relations avec mes amies sont de cet ordre.
Individuelles et intimes.
Tout sera cohérent dans mes choix de vie.

Quelques jours plus tôt, au ryokan d'Ise, le futon est peu épais et mes hanches ne trouvent pas de position confortable pour me poser d'un côté ou de l'autre. Une fois que je suis sur le dos, le coccyx révèle sa douloureuse présence, et sur le ventre, mes seins écrasés réclament un changement rapide de position !
Mon corps ne s'adapte plus au futon. Au contact d'un petit oreiller très dur, ma nuque se raidit.
C'est à cause de ces douleurs persistantes que je vais dans un immeuble voisin recevoir mon premier shiatsu.
J'entre chez un monsieur de mon âge qui a un air de ressemblance avec l'empereur japonais. J'essaye de lui parler, mais nous ne nous comprenons pas par les mots.
Je vois la montagne apparaître derrière la fenêtre, en relief, elle ressemble à un chou romanesco à cause des verts frais des arbres qui la

couvrent. Cette vue de la montagne est peinte sur une estampe avec un idéogramme japonais, deux U collés écrits en gros.
De nouvelles possibilités de rencontre et de partage m'appartiennent... vibrations... liberté.
Envie aussi de tranquillité.
Je suis bien lorsque je m'allonge sur le tatami et que je ferme les yeux.
Je reçois l'empathie de celui qui va me donner le massage. Je la sens, sans qu'il ait rien à dire. Mon dos s'étale comme une pâte à pizza.
Il y a comme une chaleur, une vibration chaleureuse.
Il me prend le pouls. Enfin, je crois. Je le laisse faire.
Ancrage de sa présence et de la mienne dans le réel.
J'ai envie d'aller vers l'extérieur pour voir ce qu'il fait, puis de revenir à l'intérieur.
Les doigts glissent sur le tissu de mes vêtements et appuient fortement sur quelques points. Certains sont franchement douloureux, au départ ! C'est comme une mise en lumière de zones d'ombre.
Mon corps est sollicité de la plante de mes pieds aux racines de mes cheveux ! Ça déménage dans mes molécules !
C'est comme si monsieur Takada regardait à l'intérieur de mon corps, dans l'infiniment petit de mes cellules qui communique avec l'infiniment grand.
C'est comme une méditation à deux.
L'écoute de soi répond à l'écoute de l'autre.
Je retrouve cette communion avec les forces du vivant en moi et avec un autre.
Corps joyeux, énergie tranquille après beaucoup de bâillements.
Silence et cœur qui bat.
Mon corps, mon esprit, mon âme, là où je suis.
Congruence et confiance.
Au bout de trente minutes, je n'ai plus mal au dos. Monsieur Takada a l'air lui aussi très en forme après le soin. Je découvrirai plus tard que le donneur se soigne autant qu'il soigne le receveur, et qu'un shiatsu est un soin partagé et réciproque.
La compassion de Kannon.
Elle était là, dans les yeux de monsieur Takada.

Je reviendrai l'année d'après me former au shiatsu, à Tokyo, dans une école qui accueille les étrangers. Ce sera une période très stimulante pour moi, durant laquelle je rencontrerai amis et famille. Dont des

cousins de mon père.
Showa, un de mes petits-cousins, la cinquantaine, un peu bedonnant, garera la voiture sous une marquise dans la banlieue de Tokyo. À l'entrée de la maison qui m'accueillera pendant plusieurs mois, j'enlèverai mes chaussures. En quelques minutes, un festin ornera la table du salon, avec des plats colorés à profusion !
À côté, des portes coulissantes ouvertes laisseront apercevoir une pièce japonaise, avec tatami, futon et une grande armoire. Ce sera ma chambre.
Je découvrirai, après les ryokans et les monastères du Kansaï, la technologie moderne d'une maison japonaise, des lavabos avec robinets hi-tech, une baignoire depuis laquelle on peut regarder la télévision, beaucoup de boutons partout, sur des boîtiers. Le rabat des toilettes se relève automatiquement à mon arrivée. Un petit lavabo au-dessus des toilettes ne sert qu'à diffuser une bonne odeur partout !
Showa m'invitera à boire le toso dans une coupelle laquée, c'est le premier saké de l'année. Il a un goût de plantes médicinales.
– Pour la bonne santé ! dit en français Shigeko, sa femme.
– Yoi otoshi o, réponds-je en levant mon verre. Bonne année à tous !
Ils me présentent des haricots noirs, une sorte de purée de patate douce, du saumon, des crevettes, de petits légumes colorés, des petites étoiles vertes de gluten des salades, des légumes bouillis et des racines de lotus. La mère de Shigeko nomme tous les plats en japonais.
– C'est vous qui avez fait tout ça ?
– On achète les plats du Nouvel An au supermarché pour ne pas faire la cuisine. Nous ne faisons pas la cuisine pendant le Nouvel An, explique Shigeko.
Toutes les baguettes s'affairent autour de la table après le rituel « Itadakimas », qu'on peut traduire par « je reçois avec humilité ». On remercie les animaux, les végétaux et les cuisiniers.
Beaucoup de plats sont symboliques, cela me rend le goût des aliments poétique : la couleur de la purée est un vœu de fortune, la crevette, vœu de longue vie, la salade de carottes râpées et de radis, vœu de bonheur.
Je copie les manières de mes hôtes pour ne pas commettre d'impair à table, me tiens droite, prends de petites bouchées, pose ma baguette sur le repose-baguette, ne pique pas ma baguette dans le saumon.
Nous partageons toute la nuit.
Nous trinquons régulièrement, jusqu'au premier lever du soleil, rituel très important pour les Japonais.

Du balcon, à l'étage, tout le monde regarde se lever le soleil au-dessus des arbres et des pavillons : une merveille, qui symbolise toutes les heureuses promesses de l'année.
Shigeko donne à chacun une image du navire mythique piloté à travers les cieux par les sept divinités du bonheur :
– Treasure ship ! Takarabune.
Je sens en moi une présence qui guide mon âme et mon intuition vers l'autre.
Je reçois avec bonheur la mienne, comme une promesse.
– Takarabune... Itadakimas Shigeko.
Je réajuste mes lunettes pour admirer l'estampe colorée. Elle appartient au folklore japonais. Je cherche à reconnaître Bishamonten.
– Pour une année prospère et douce ! dit Shigeko en anglais.
– Confiance, harmonie et optimisme !
C'est à la fois un vœu, un sentiment et un merveilleux élan.
Je sais bien qu'au Japon, une inclinaison de la tête suffit pour exprimer sa gratitude, et qu'on évite les contacts physiques.
– Je peux te prendre dans mes bras ? Take in my arms ?
J'ai suivi mon intuition.
Shigeko remet en place sa frange. Ses yeux rient. Elle est un peu embarrassée.
– Hai... hai... Oui...

IDÉOGRAMME BONHEUR

PRATIQUE 12

VOUS SENTIR DIGNE ET REGARDER L'AUTRE DANS SA DIGNITÉ. ACCUEILLIR L'AUTRE ET DÉVELOPPER DES RELATIONS HUMAINES RÉJOUISSANTES.

Une nouvelle journée commence… Vous pouvez sentir que l'esprit, s'il s'éveille d'une bonne nuit, est sans a priori, sans contrainte extérieure. Il n'est pas pollué par le mental et les représentations de soi ou des autres. Avant d'entrer dans une relation, quelle qu'elle soit, voici une pratique qui maintient votre esprit dans cet état d'ouverture de la psyché, état éprouvé par Yama au Japon, et qui stimule votre énergie et votre envie. Cette pratique vous aide à créer cet état d'ouverture et ce plaisir de la découverte de l'autre. Dépourvus de jugement, nous pouvons créer des relations amicales avec nous-mêmes et les autres. Nous pouvons vraiment aimer l'autre en nous aimant mieux, en développant notre empathie et notre compassion. C'est l'amour de l'autre qui va permettre à Yama de trouver son après et de se « reconvertir »…

Vous êtes prêt. À des relations positives pour vous, de qualité, authentiques,

dans le respect de vous-même, de la nature, du monde ; à des relations libres, aimantes et responsables, vers l'autre.
Vous avez commencé ce programme par la confiance, avez activé vos structures positives tout au long du chemin ; vous le finissez aussi sur la confiance, celle du lien vécu avec le cœur et sans peur. La fin du récit de Yama au Japon est un point d'orgue à cette confiance relationnelle, afin qu'elle vibre en vous comme un espoir, longtemps…

PRATIQUE

Posture

Debout, si vous le pouvez. Ou le dos droit, si vous devez rester assis. Conscience de votre corps en train de se révéler à votre conscience… et de se détendre.

Détente

Vous levez les bras ouverts vers le ciel. Inspiration, conscience de votre verticalité, expulsion douce de l'air dans la posture avec les bras qui redescendent. Une deuxième fois. Vous levez les bras, mains ouvertes vers le ciel. Inspiration, conscience de votre verticalité… Conscience de votre corps, de la vie dans tous les tissus de votre corps, expulsion douce de l'air et des tensions, et les bras redescendent…

Vous levez les bras en ouverture vers le ciel, inspiration… Conscience de votre corps, de la vie dans tous les organes, les muscles, les os, les tissus, les cellules de votre corps… et expulsion douce de l'air et des tensions, avec les bras qui redescendent.
Vous pouvez ensuite vous asseoir, mains sur le ventre.
Vous vous laissez aller au rythme doux de votre respiration abdominale…

Présence de la vie et de mes valeurs dans la région de la psyché
… L'attention sur la tête…

Vous allez maintenant stimuler l'énergie de votre tête avec le son E… OU… MO… TRI… A…
Inspiration, rétention, expulsion de l'air dans le son E… OU… MO… TRI… A…, de façon audible ou non audible, comme vous préférez.

Vous activez la présence de la vie à l'inspiration, et les sentiments positifs à l'expiration.
Vous pouvez répéter intérieurement : « présence de la vie » à l'inspiration, et « sentiments positifs » dans la tête à l'expiration. Plusieurs fois, pour l'activation.
Puis prenez quelques instants pour intégrer cette expérience de la vie qui est là, bien présente, et de vous qui êtes là, bien présent.

Une deuxième fois : inspiration, rétention, expulsion de l'air avec le son (audible ou non) E… OU… MO… TRI… A…
Une troisième fois : inspiration, rétention, expulsion de l'air… E… OU… MO… TRI… A…
Vous activez la présence de la vie à l'inspiration, et des sentiments positifs à l'expiration.
Vous pouvez vous répéter intérieurement : « présence de la vie » à l'inspiration, et « sentiments positifs » dans la tête, à l'expiration. Plusieurs fois… Prenez votre temps…
Puis prenez quelques instants pour intégrer cette énergie de la psyché qui est là, bien présente, et de vous qui êtes là, bien présent.

Quelques moments de respiration profonde. Vous laissez venir une de vos valeurs, qui fait sens pour vous et qui signe en partie votre identité. Cela peut être une valeur individuelle, une valeur qui concerne tout le monde. Laissez venir une valeur. Elle vient des profondeurs de votre être, de votre biologie… Elle peut être connue de vous ou vous surprendre… Laissez venir, sans juger ni commenter.
Quand vous inspirez, vous laissez remonter clairement à votre conscience cette valeur qui est la vôtre et qui vient des profondeurs biologiques. Prenez le temps d'activer sa présence à votre conscience. Puis, dans vos expirations, faites-la descendre dans tous les tissus, toutes les cellules, toutes les molécules de votre corps !… Jusqu'à vous sentir incarner votre valeur.

Je vous propose aussi de percevoir les valeurs que vous avez conquises au cours des années, ou qui étaient déjà là dans votre passé. INSPIRATION, bonheur de percevoir ces valeurs du passé… Peut-être pouvez-vous percevoir maintenant vos valeurs en boutures qui sont appelées à se développer. Vous en prenez conscience… prenez votre temps. À chaque fois que vous inspirez, sentiment de bonheur de percevoir ces valeurs boutures…

Présence de la vie et de mes valeurs dans la région du cœur ... *Les mains sur le sternum*

Vous allez à présent stimuler l'énergie de votre thorax avec le son E... OU... MO... TRI... A...
Inspiration, rétention, expulsion de l'air dans le son E... OU... MO... TRI... A..., de façon audible ou non audible, comme vous préférez.
Vous activez la présence de la vie à l'inspiration, et les sentiments positifs à l'expiration.
Vous pouvez répéter intérieurement : « présence de la vie » à l'inspiration, et « sentiments positifs » dans le thorax, à l'expiration... Plusieurs fois, pour l'activation.
Quelques instants, ensuite, pour intégrer cette expérience de la vie qui est là, bien présente, et de vous qui êtes là, bien présent.

Une deuxième fois : inspiration, rétention, expulsion de l'air avec le son audible ou non audible E... OU... MO... TRI... A...
Une troisième fois : inspiration, rétention, expulsion de l'air sur E... OU... MO... TRI... A...
Vous activez la présence de la vie à l'inspiration, et des sentiments positifs à l'expiration.
Vous pouvez vous répéter intérieurement : « présence de la vie » à l'inspiration, et « sentiments positifs » dans le thorax, à l'expiration. Plusieurs fois... Prenez votre temps...
Quelques instants, ensuite, pour intégrer la vie qui est là, bien présente, et vous, là, bien présent.

Quelques moments de respiration profonde. Vous laissez venir une DEUXIÈME valeur, qui fait sens pour vous et qui signe en partie votre identité. Cela peut être une valeur personnelle ou une valeur de la société, de l'univers... Laissez venir une deuxième valeur. Elle vient des profondeurs de votre être, de votre biologie... Elle peut être déjà connue de vous ou vous surprendre. Laissez venir, sans juger ni commenter.
INSPIREZ, laissez remonter clairement à votre conscience cette valeur qui est la vôtre et qui vient des profondeurs biologiques. Prenez le temps d'activer sa présence à votre conscience... Puis, dans vos expirations, faites-la descendre dans tous les tissus, toutes les cellules, toutes les molécules de votre corps ! Jusqu'à vous sentir incarner votre valeur.
Je vous propose aussi de percevoir les valeurs que vous avez conquises au cours des années, ou qui étaient déjà là dans votre passé... À chaque

inspiration, sentez le bonheur de percevoir ces valeurs du passé... Peut-être pouvez-vous percevoir maintenant vos valeurs en boutures qui sont appelées à se développer. Vous en prenez conscience, prenez votre temps... à chaque fois que vous inspirez, bonheur de percevoir ces valeurs boutures...

Présence de la vie et de mes valeurs dans la région de l'élan et des envies *... Les mains sur le bas-ventre*

Vous allez maintenant stimuler l'énergie du bas du corps avec le son E... OU... MO... TRI... A...
Inspiration, rétention, expulsion de l'air dans le son E... OU... MO... TRI... A..., que vous pouvez faire de façon audible ou non audible, comme vous préférez.
Vous activez la présence de la vie à l'inspiration, et les sentiments positifs à l'expiration.
Vous pouvez répéter intérieurement : « présence de la vie » à l'inspiration, et « sentiments positifs » dans le bassin et tout le bas du corps, à l'expiration. Plusieurs fois, pour l'activation...
Quelques instants, ensuite, pour intégrer cette expérience de la vie qui est là, bien présente, et de vous qui êtes là, bien présent.

Une deuxième fois : inspiration, rétention, expulsion de l'air avec le son E... OU... MO... TRI... A..., audible ou non audible.
Une troisième fois : inspiration, rétention, expulsion de l'air sur E... OU... MO... TRI... A...
Vous activez la présence de la vie à l'inspiration, et des sentiments positifs à l'expiration.
Vous pouvez vous répéter intérieurement : « présence de la vie » à l'inspiration, « sentiments positifs » à l'expiration, dans tous les organes du bas-ventre et les jambes. Plusieurs fois... Prenez votre temps.
Puis prenez quelques instants pour intégrer l'expérience de la vie qui est là, bien présente, et de vous qui êtes là, bien présent.

Quelques moments de respiration profonde. Vous laissez venir une TROISIÈME valeur, qui fait sens pour vous et qui signe en partie votre identité. Cela peut être une valeur personnelle, qui vous fait avancer dans la vie, par exemple, qui stimule vos envies ; ou une valeur partagée collectivement. Laissez venir une troisième valeur, comme elle vient. Elle arrive des profondeurs de votre être, de votre biologie. Elle peut être déjà connue de vous, ou vous surprendre. Laissez venir, sans juger, sans commenter. Ce qui vient, c'est ce qui est juste ici et maintenant...

Quand vous inspirez, vous laissez remonter clairement à votre conscience cette valeur qui est la vôtre et qui vient de vos profondeurs biologiques. Prenez le temps d'activer sa présence à votre conscience. Puis, dans vos EXPIRS, faites-la descendre dans tous les tissus, toutes les cellules, toutes les molécules de votre corps, jusqu'à vous sentir incarner votre valeur.
Je vous propose aussi de percevoir les valeurs que vous avez conquises au cours des années, ou qui étaient là dans votre passé. À chaque inspiration, ressentez le bonheur de percevoir ces valeurs du passé. Peut-être pouvez-vous percevoir à présent vos valeurs en boutures qui sont appelées à se développer. Vous en prenez conscience... prenez votre temps... à chaque fois que vous inspirez, sentiment de bonheur en percevant ces valeurs boutures...

La rencontre

Voilà ! En vous prêtant une attention bienveillante, vous allez maintenant aller à la rencontre des êtres humains dans votre journée ou votre soirée. Vous pouvez aller découvrir ou redécouvrir les personnes qui sont autour de vous, avec cette intention de rencontre. À l'extérieur également. Vous pouvez considérer que vous faites cette rencontre en allant dehors, en jouant avec vos enfants, en faisant vos courses, en dînant en famille, en déjeunant avec vos collègues, à un premier rendez-vous, avec votre conjoint, lors d'une réunion, d'une manifestation, etc. Ou juste en marchant à l'extérieur cinq minutes et en croisant des êtres humains. Prêtez-leur votre attention bienveillante. Regardez leur tridimensionnalité, et l'enfant en eux... Essayez de porter un regard neuf sur les personnes que vous connaissez, et... réenchantez vos relations du quotidien !

MÉDITATION

Quand vous aurez fini le temps de la « rencontre » en ayant inclus l'autre dans cette pratique, laissez-vous imprégner de ce qui est apparu pendant toutes ces pratiques et ce voyage au Japon et dans votre pays intérieur. Appréciez votre richesse, votre dignité, votre légitimité, celle des autres également, et la beauté des liens qui résonnent dans votre coeur et dans celui de Yama...

J'inspire, sentiment de ma dignité ;
j'expire, sentiment de la dignité de l'autre.

Le dénouement de son histoire japonaise est comme celui du livre : une ouverture !

ÉPILOGUE QUI EST AUSSI UN PROLOGUE

PRATIQUE DE DO-IN

Le Kinhin est un terme japonais du bouddhisme zen.

Il désigne la pratique de méditation en marchant. Votre Kinhin à vous peut continuer au-delà de cette lecture, au-delà des pas sophrologiques de ce livre. La méditation en marchant peut aussi former une boucle, un rond, le symbole du zen. Vous pouvez refaire le voyage, il ne sera jamais le même…

Votre voyage intérieur est donc infini, à l'instar de tous vos possibles…

Confiance, harmonie et espoir, ce sont les mots qui concluent une séance de sophrologie.

Ce sont ceux qui concluent ce livre de pratiques illustrées, ou presque.

Parce que soi…

Parce que l'autre…

Parce que le Japon…

Parce que tout est voyage…

L'épilogue s'ouvre au Do In, un automassage issu de la médecine traditionnelle japonaise et proche du shiatsu.
Le Do In est une tradition ancestrale japonaise qui se pratiquait en famille et débouche sur un véritable art de vivre. Comme le shiatsu, c'est une technique de santé et de bien-être destinée à prévenir la maladie, à maintenir et renforcer santé et équilibre. Il a pour but la libre circulation de l'énergie dans le corps. Le Do In est une technique d'harmonisation et de revitalisation qui se pratique par soi-même sur soi-même.

PRATIQUE

En position assise

... Les épaules

Avec votre main gauche, vous venez tapoter votre épaule droite. Vous tapotez plusieurs fois et ensuite vous la malaxez pour supprimer les tensions et blocages. Faites-en autant de l'autre côté.

... Les bras

Vous tapotez avec votre main gauche votre bras droit, en descendant à l'intérieur du bras puis en remontant à l'extérieur du bras. Vous faites cinq descentes et montées complètes. Faites-en autant de l'autre côté.

... Les mains

Avec votre main gauche, vous venez tirer chaque doigt comme avec un « tire-bouchon ». Vous commencez par le pouce et vous finissez par le petit doigt. Faites-en autant de l'autre côté.

... La paume des mains

Ensuite, vous massez avec votre pouce gauche le centre de votre main droite. Quand vous avez fini le travail sur un bras, vous « écoutez » votre bras pour voir s'il est plus « détendu », « vivant », plus chaud, plus froid qu'avant, si vous sentez des petits fourmillements à l'intérieur...
Puis, vous faites la même chose de l'autre côté (épaule, bras, main et paume).

... La tête et le visage

À l'aide de vos deux mains, vous pianotez sur votre visage, vos joues, votre menton, votre front...

À l'aide de vos doigts en pince, vous prenez vos sourcils en « sandwich » entre les pouces et les index et vous faites de petites pressions sur vos sourcils, en partant de l'intérieur des yeux vers l'extérieur du visage (vous suivez la ligne des sourcils).
Puis vous tapotez sur votre tête comme si chaque doigt était une goutte d'eau de pluie.
Vous « écoutez » l'intérieur de votre tête pour sentir s'il est plus calme, plus clair, plus « vide » qu'avant.

... Le ventre

Mettez une main sur l'autre et faites de grands cercles sur votre ventre en suivant le sens de la digestion (vous partez sous votre poitrine à droite, allez vers la gauche, descendez à gauche, vous dirigez vers la droite et remontez sous la poitrine du côté droit).
Faites sept tours, doucement, puis posez vos deux mains l'une sur l'autre sur le bas de votre ventre ; vous « écoutez » votre ventre pour voir comment il se sent après ce massage.

... Le dos

À l'aide de vos poings, vous venez doucement tapoter le bas de votre dos en faisant des petites percussions douces.

... Les jambes

Vous êtes assis et vous tendez les jambes devant vous.
Vous tapotez chaque jambe, la droite avec votre main droite et la gauche avec la main gauche.
Vous tapotez à l'intérieur de la jambe et de la cuisse en remontant puis vous redescendez vers l'extérieur de la jambe.

... Les chevilles

Vous mettez votre jambe gauche sur la jambe droite de manière à pouvoir venir attraper votre pied gauche avec la main droite, et vous faites tourner l'articulation de votre cheville.

... La plante des pieds

Avec votre pouce droit, vous malaxez le centre de votre plante de pied juste en dessous des coussinets.
Vous frictionnez avec votre poing fermé toute la plante du pied et le tapotez de haut en bas.

Quand vous avez fini de vous occuper d'une jambe, vous l'étendez à nouveau et sentez si elle est « comme l'autre ». Est-elle plus légère, plus lourde, plus longue ? Sentez-vous des picotements ?
Vous faites la même chose de l'autre côté (chevilles et plantes des pieds) et vous écoutez maintenant si les sensations dans les deux jambes sont redevenues semblables. Quand vous avez fini toute la partie en position assise, vous vous mettez debout pour faire circuler toute l'énergie que vous avez « débloquée ».

En position debout

... Les hanches et le dos

Les pieds écartés à la largeur de vos hanches, faites pivoter votre bassin de plus en plus vite de manière à entraîner vos bras qui vont venir doucement « frapper » la hanche opposée. Effectuez le mouvement vingt et une fois.

... Les épaules

Puis vous faites la même chose en levant vos bras afin que chacune de vos mains frappe l'épaule opposée. Encore vingt et une fois.

... Les genoux

Pliez légèrement les genoux et le bassin pour que vos mains viennent tapoter vos genoux. Toujours vingt et une fois.

... Tout le corps

Puis vous secouez tout votre corps, en prenant des impulsions rapides sur vos jambes. Vous laissez vos épaules monter et descendre.
Balancez légèrement votre buste en avant et continuez les mouvements saccadés de votre corps. Puis faites la même chose en balançant légèrement le corps vers l'arrière.
Vous pouvez laisser la gorge ouverte et laisser sortir un petit cri rauque. Vous allez voir, cela va vous détendre.

Enfin, quand vous aurez arrêté de bouger, observez comment vous vous sentez, dans tout le corps, et ce qui a changé...
Quand vous arrêtez les mouvements, l'énergie continue de circuler. Si vous êtes attentif, vous pouvez encore sentir le mouvement à l'intérieur de vous.

FIN